PUBLICATIONS OF THE DEPARTMENT OF
ROMANCE LANGUAGES
UNIVERSITY OF NORTH CAROLINA

General Editor: Aldo Scaglione

Editorial Board: Juan Bautista Avalle-Arce, Pablo Gil Casado, Fred M. Clark, George Bernard Daniel, Janet W. Díaz, Alva V. Ebersole, Augustin Maissen, Edward D. Montgomery, Frederick W. Vogler

NORTH CAROLINA STUDIES IN THE
ROMANCE LANGUAGES AND LITERATURES

ESSAYS; TEXTS, TEXTUAL STUDIES AND TRANSLATIONS; SYMPOSIA

Founder: Urban Tigner Holmes

Editor: Juan Bautista Avalle-Arce
Associate Editor: Frederick W. Vogler

Other publications of the Department: *Estudios de Hispanófila, Hispanófila, Romance Notes, Studia Raeto-Romanica*

Distributed by:

INTERNATIONAL SCHOLARLY BOOK SERVICE, INC.
P. O. BOX 4347
Portland, Oregon   97208
U. S. A.

NORTH CAROLINA STUDIES IN THE
ROMANCE LANGUAGES AND LITERATURES
Number 148

LOS SONETOS DE CALDERÓN EN SUS
OBRAS DRAMÁTICAS

ESTUDIO Y EDICIÓN

LOS SONETOS DE CALDERÓN EN SUS OBRAS DRAMÁTICAS
ESTUDIO Y EDICIÓN

POR

RAFAEL OSUNA

CHAPEL HILL

NORTH CAROLINA STUDIES IN THE ROMANCE
LANGUAGES AND LITERATURES
U.N.C. DEPARTMENT OF ROMANCE LANGUAGES
1974

Library of Congress Cataloging in Publication Data

Osuna, Rafael.

Los sonetos de Calderón en sus obras dramáticas.
(North Carolina Studies in the Romance Languages and Literatures, no. 148.)

Includes bibliographical references.

1. Calderón de la Barca, Pedro, 1600-1681 — Poetic works. I. Calderón de la Barca, Pedro, 1600-1681. II. Title. III. Series.

PQ6315.O8   861'.3   74-17209

ISBN 0-80789-1487

DEPÓSITO LEGAL: V. 4.012 - 1974

ARTES GRÁFICAS SOLER, S. A. — JÁVEA, 28 — VALENCIA (8) — 1974

ÍNDICE

	Págs.
INTRODUCCIÓN	11
La lista de los sonetos de Calderón en sus obras dramáticas	12
Interpretación de la lista	18
Los sonetos y la cronología de algunas obras	22
Los sonetos autoplagiados y sus variantes	25
El estilo	30
La calidad de estas composiciones	34
Los problemas de la crítica textual calderoniana	39
Nota preliminar a nuestra edición	43
LOS SONETOS	47
APÉNDICE. SONETOS SUELTOS	121
ÍNDICE DE PRIMEROS VERSOS	140
ÍNDICE DE OBRAS DRAMÁTICAS CITADAS	142

Este trabajo no hubiera podido completarse sin la bolsa de viaje que para trabajar en Madrid me concedió la American Philosophical Society, de Filadelfia, en 1971. A mi buen amigo, el Dr. Frederick Rener, le debo el cotejo de los sonetos que se encuentran en la *Primera parte* de 1640 (VSL), en el ejemplar que posee la Niedersächsische- und Universitäts- Bibliothek de Gotinga. El profesor Edward M. Wilson, de Cambridge University, tuvo la gentileza de colacionar los sonetos de la *Tercera parte* (Excel.mo), así como la bondad de leer escrupulosamente el manuscrito todo y ofrecerme valiosas aportaciones, entre las que desearía destacar el haberme llamado la atención sobre la existencia del soneto contra Sigler de Huerta y la de algunas papeletas bibliográficas importantes, además de haberme enviado copia del soneto del entremés y la del núm. LIX según se halla en *Autos I* (1677). Otros consejos suyos, siempre muy pertinentes, me han obligado a expresar más claramente algunos detalles y puntos de vista, por todo lo cual me es gratísimo expresarle mi profundo reconocimiento.

Marzo 1972

INTRODUCCIÓN

No deja de causar cierta extrañeza la inexistencia de un trabajo que, en cuestión de minutos, conteste ciertas preguntas básicas sobre los sonetos de Calderón: su número, las obras en que aparecen, el tipo de rima de los tercetos y la clase de rima; o que nos diga si son monólogos dirigidos a alguien o a uno mismo, si son dialogados o si se muestran en forma de cartas u oraciones, criterios todos que tanto han valido para fechar obras de, por ejemplo, Lope. Los estudios de Delano y Jörder sobre los sonetos de éste y el análisis de la versificación toda hecho por Morley y Bruerton resuelven todas esas interrogaciones satisfactoriamente. Lope, además, goza de estudios monográficos sobre sonetos individuales o en gavilla. Con alguna excepción, no acaece igual con Calderón, el otro gigante de nuestro teatro.

El trabajo que aquí ofrecemos procura llenar esta laguna, aunque por ser relativamente escasos los sonetos que escribió Calderón, su estudio no brinda las halagüeñas posibilidades de los lopescos. Dentro de este limitado horizonte, sin embargo, la mera compilación de un índice como el que aquí hacemos quizá sirva para poner de relieve ciertos fenómenos existentes en Calderón, por no mencionar la constatación de los inexistentes. En algún caso, además, nos puede ayudar esta labor a precisar la fecha de un par de obras y a corroborar la paternidad de otra. Su mejor utilidad radica, con todo, en ser un probable instrumento de trabajo para los calderonistas y para quienes en el futuro estudien la versificación en la comedia del Siglo de Oro.

La Lista de los Sonetos de Calderón en sus Obras Dramáticas

La lista siguiente está ordenada cronológicamente de acuerdo con las investigaciones de Hartzenbusch, Cotarelo, Shergold y Varey, Valbuena Prat y Parker. La fecha elegida es siempre la que ofrece más garantías. Muchas de ellas se podían haber extraído de Hartzenbusch, que fue el primero que se enfrentó sistemáticamente con el problema. Con todo, hemos preferido citarlas por cualquiera de esos autores cuando éstos las han sometido a una revisión. Hay que advertir que la mayoría de las fechas son las de representación de la obra, lo cual no indica que se escribiera entonces.

Después del título de la obra en que los sonetos se hallan, se inserta la fecha (sobre la que el lector debe ejercitar precaución en ciertos casos) y la autoridad que la mantiene. Hemos usado las siguientes siglas:

H = Juan Eugenio Hartzenbusch, *Comedias de Don Pedro Calderón de la Barca,* Biblioteca de Autores Españoles, XIV, 661-84. (*Cf. Comedias escogidas de Frey Lope de Vega Carpio, ibidem,* XXIV, 588-90.)

C = Emilio Cotarelo y Mori, *Ensayo sobre la vida y obras de D. Pedro Calderón de la Barca* (Madrid, 1924).

S-V = N. D. Shergold y J. E. Varey, "Some Early Calderón Dates", *Bulletin of Hispanic Studies* 38 (1961), 274-86.

VP = Ángel Valbuena Prat, *Obras completas* [de Calderón de la Barca]. III. *Autos sacramentales* (Madrid, Aguilar, 1967).

P = Alexander A. Parker, "The Chronology of Calderón's *Autos sacramentales* from 1647", *Hispanic Review* 37 (1969), 164-88.

El número que va a continuación de estas iniciales indica la página de esas obras; lo incluimos sólo cuando facilita grandemente al lector la labor de consulta.

Se han usado las siguientes abreviaturas para denotar el tipo de soneto: *sol.* = soliloquio, y *dial.* = dialogado. Si no se usan abreviaturas, el soneto es un monólogo dirigido a alguien; son la mayoría. Con el término 'soliloquio' entendemos el que hace un personaje que está solo en escena, desechando la definición más amplia de Morley y Bruerton por no considerarla imprescindible aquí. La designación 'carta' no denota necesariamente una epístola; la extendemos a cualquier papel escrito. Si la rima no es llana, así se indica. El número romano entre paréntesis que va inmediatamente después del primer verso del soneto es el que lleva en nuestra edición. Las letras A y B señalan el trenzado de la rima en los tercetos: A = CDC:DCD, y B = CDE:CDE.

B. A. E. seguido de un número romano y otro arábigo hace referencia al tomo y a la página de la edición de Hartzenbusch en la Biblioteca de Autores Españoles. Valbuena, seguido de un número, refiere a la de Valbuena Prat; ambas han quedado citadas más arriba; estas ediciones son las más accesibles y completas para quien desee comprobar cualquier cosa. Una referencia a Hesse (núm. 18 de la lista) significa la edición de *El mayor monstro los çelos* (Madison, University of Wisconsin Press, 1955) de Everett W. Hesse. Otra a Černý (núm. 38), la edición de *El gran duque de Gandía* (Praga, 1963) de Václav Černý. Otra a Pando (núm. 43) lleva al lector a la edición de Pedro de Pando y Mier de los *Autos sacramentales* (Madrid, 1717); esta referencia se ha hecho obligatoria por no haberse incluido la obra —*El segundo blasón del Austria*— en la edición de Valbuena. En el caso, en fin, de *La selva confusa* (núm. 1) llevamos al lector a la edición de George T. Northup ("*La selva confusa* de Don Pedro Calderón de la Barca", *Revue Hispanique* 21 [1909]).

La búsqueda de los sonetos calderonianos está hecha con independencia de las tablas métricas de Hilborn.[1] Como este investigador no señala a veces el número total de sonetos de una obra, sus porcentajes no podían bastarnos. Hilborn, por lo demás, yerra algunas veces.[2]

Digamos que estos sonetos son los de las obras dramáticas. No incluimos los que Calderón publicó en libros ajenos, que irán en el apéndice.

---

[1] Harry W. Hilborn, *A Chronology of the Plays of Don Pedro Calderón de la Barca* (Toronto, 1938).
[2] Por ejemplo: *Bien vengas, mal, Las espigas de Ruth, La cura y la enfermedad, El gran príncipe de Fez, El divino Jasón* y *El santo rey don Fernando,* parte segunda, tienen un soneto cada una, que él no apunta.

He aquí la lista.

1. *La selva confusa* (1623: S-V). *RH*, 295. "Cuando de mi atrevido pensamiento" (I). (*Sol*. B).
2. *El divino Jasón* (antes de 1630: VP, 59). Valbuena, 70. "Medea, yo he de ser contigo Isaac" (II). (Rima aguda. *Dial*. ABBA CBBA CDC DCD).
3. *El príncipe constante* (1629: C, 131). B. A. E., VII, 254, 255. "Estas que fueron pompa y alegría" (III). (A). "Esos rasgos de luz, esas centellas" (IV). (A).
4. *La dama duende* (1629: C, 142). B. A. E., VII, 179. "Bella Beatriz, mi fe es tan verdadera" (V). (A). "Si la elección se debe al albedrío" (VI). (A).
5. *El galán fantasma* (1630: C, 144). B. A. E., VII, 298. "De contrarios efectos esta llama" (VII). (A).
6. *La banda y la flor* (1632: C, 146).[3] B. A. E., IX, 154, 161. "Era mi pecho una montaña fría" (VIII). (*Sol*. A). "Si Clori que quisiese me dijera" (IX). (*Sol*. A).
7. *El veneno y la triaca* (1634: C, 263). Valbuena, 184, 196. "Bellísima deidad, que repetida" (X). (A). "Jeroglífico hermoso, en quien se vierte" (XI). (A).
8. *El gran teatro del mundo* (¿1633-35?: VP, 199).[4] Valbuena, 214, 215. "Viendo estoy mis imperios dilatados" (XII). (B). "Viendo estoy mi beldad hermosa y pura" (XIII). (B).
9. *El mayor encanto, amor* (1635: C, 158).[5] B. A. E., 395, 405. "Torpe el discurso, atado el pensamiento" (XIV). (A). "Racional, vegetable y sensitiva" (XV). (A). "Vengativa deidad, deidad ingrata" (XVI). (A). "Vengativa y crüel, porque te asombres" (XVII). (A).
10. *La señora y la criada* (1635: S-V). B. A. E., IX, 33. "Bellísima deidad que repetida" (Xb). (A). "Basilisco del tiempo, tú que doras" (XVIII). (A).
11. *A secreto agravio, secreta venganza* (1635: S-V). B. A. E., VII, 599, 602, 608. "Cuando la fama en lenguas dilatada" (XIX). (A). "Yo me firmé rendida antes que os viese" (XX). (A. Se repite versos más

---

[3] Siguen esta fecha también Hilborn y Valbuena Briones; Hartzenbusch ya la había dado antes.

[4] "It may have been written as late as 1645; it may, on the other hand, have been written very much earlier" (Alexander A. Parker, *The Allegorical Drama of Calderón* [Oxford, 1943], pág. 110).

[5] Puede verse sobre esta fecha N. D. Shergold, "The First Performance of Calderón's *El mayor encanto, amor*", *Bulletin of Hispanic Studies* 35 (1958), 24-27.

adelante). "Leonor, si yo pudiera obedecerte" (XXI). (Carta. B). "Cinta verde, que en término sucinta" (XXII). (Carta. A).

12. *El purgatorio de San Patricio* (¿1628? ¿1635?).[6] B. A. E., VII, 159. "Aquí, Señor inmenso y soberano" (XXIII). (*Sol*. Con estrambote. A).
13. *Bien vengas, mal* (1635: S-V). B. A. E., XIV, 314. "Cuando sutil pincel me repetía" (XXIV). (Carta. A).
14. *Los tres mayores prodigios* (1636: C, 171). B. A. E., VII, 284. "Apenas el invierno helado y cano" (XXV). (A). "¿Ves el monte que dices, o el Atlante" (XXVI). (A).
15. *Mañana será otro día* (1636: C, 170). B. A. E., VII, 532. "El cadáver del hombre cosa es, cierto" (XXVII). (A). "Que el alma informa al hombre es asentado" (XXVIII). (A).
16. *Argenis y Poliarco* (1637: H). B. A. E., VII, 453. "¿No miras ese monte, oh nuevo Atlante" (XXIX). (A). "¿Porque muerta aún no dejes de quererme" (XXX). (A).
17. *La Virgen del Sagrario* (1637: H). B. A. E., VII, 333. "Si el instrumento de mis labios templo" (XXXI). (A).
18. *El mayor monstro, los çelos* (1637: C, 177). Hesse, 61, 125. "La muerte y el amor una lid dura" (XXXII). (*Sol*. A). "Pues si los celos dinifir hubiera" (XXXIII). (*Sol*. A).
19. *El gran duque de Gandía* (auto) (¿1639?: VP, 95). Valbuena, 110. "Iris que asoma entre eclipsados velos" (XXXIV). (*Sol*. A).
20. *Enfermar con el remedio* (1644: H). B. A. E., XIV, 434, 435. "Pretendo del favor darme a partido" (XXXV). (*Sol*. B). "Con poco norte incierto mar navego" (XXXVI). (*Sol*. B).
21. *La exaltación de la Cruz* (1648: C, 280). B. A. E., IX, 358. "Bellísima deidad que repetida" (X). (A).
22. *Antes que todo es mi dama* (1648: C, 280). B. A. E., XII, 550, 551, 552. "Viendo el cabello, a quien la noche puso" (XXXVII). (A). "¿Ves esa rosa que tan bella y pura" (XXXVIII). (A). "¿Qué género de ardor es el que llego" (XXXIX). (*Sol*. A).

---

[6] Sobre esta fecha existen dudas. Para Astrana es anterior a 1629, mientras que Valbuena Briones cree que podría estar escrita antes de 1628. Ambos basan estas opiniones en la de Cotarelo, el cual, pese a todo, creía que podría no ser anterior a 1635 (su lib. cit., págs. 130-31).

23. *La primer flor del Carmelo* (¿1648?: P). Valbuena, 650. "¿Quién eres, ¡oh mujer!, que aunque rendida" (XL). (A).
24. *Llamados y escogidos* (¿1648-49?: VP, 449). Valbuena, 457. "Bella Micol, dulcísima Raquel" (XLI). (Rima aguda. B). "Amoroso Jacob, fuerte David" (XLII). (Rima aguda. B).
25. *La segunda esposa y triunfar muriendo* (1649: P). Valbuena, 436. "¡Oh tú, antorcha, que en esa breve, en esa" (XLIII). (A).
26. *La hija del aire*, primera parte (1653: S-V). B. A. E., XII, 40. "¿Vivo o muero? Cierto es que si viviera" (XLIV). (*Sol.* B).
27. *La siembra del Señor* (anterior a 1655: VP, 677). Valbuena, 684. "En alegre, en feliz, en dulce estado" (XLV). (CDC EDE).
28. *Tu prójimo como a ti* (¿1656?: P). Valbuena, 1437. "Si esta sangre por Dios hacer pudiera" (XLVI). (A).
29. *La cura y la enfermedad.*[7] Valbuena, 758. "Dulce paz, dulce guerra que a porfía" (XLVII). (B).
30. *Primero y segundo Isaac* (1658: P). Valbuena, 804. "Señor, este de fe y amor indicio" (XLVIII). (*Dial.* A).
31. *El maestrazgo del Toisón* (1659: P). Valbuena, 906. "Exaltada deidad en quien se vio" (XLIX). (*Dial.* Rima aguda. A).
32. *El sacro Parnaso* (1659: P). Valbuena, 792. "Ara la tierra el sembrador, y ella" (L). (Carta. A).
33. *Mujer, llora y vencerás* (1660: C, 310). B. A. E., 594. "Hermosas luces, en quien miro atento" (LI). (B).
34. *Eco y Narciso* (1661: C, 314). B. A. E., 583. "Apenas el invierno helado y cano" (XXVb). (*Sol.* A).
35. *Las espigas de Ruth* (1663: P). Valbuena, 1091. "Venga en hora feliz el capitán" (LII). (*Dial.* Rima aguda. B).
36. *El gran príncipe de Fez* (1669: C, 323). B. A. E., IX, 353. "Este cárdeno lirio enamorado" (LIII). (A).
37. *Sueños hay que verdad son* (1670: P). Valbuena, 1219, 1222. "Hermosas luces, en quien miro atento" (LIb). (*Sol.* B). "Yo soñé que de un río a la ribera" (LIV). (A). "Que el río jeroglífico haya sido" (LV). (A).

---

[7] A. A. Parker (*HR* 37 [1969], 186) afirma que "there are only six undatable *autos* that can with certainty, because of a four-cart staging, be assigned to this period" [1647-57]. Uno es éste, que, según Parker, se llevó a la escena probablemente el mismo año que *La lepra de Constantino*.

38. *El gran duque de Gandía* (1671: Černý). Černý, 75. "Entre esperanza y miedo amor ordena" (LVI). (*Sol.* B).
39. *El santo rey don Fernando,* primera parte (1671: P). Valbuena, 1278. "¡Oh, Señor!, si a tu suma providencia" (LVII). (*Sol.* A).
40. *El santo rey don Fernando,* segunda parte (1671: P). Valbuena, 1314. "Pensad con su hijo en brazos a María" (LVIII). (A).
41. *La viña del Señor* (1674: P). Valbuena, 1475. "¿Quién, ya que me llamó docta Escritura" (LIX). (*Dial.* ABBA CDCD EEF GFG).
42. *El jardín de Falerina* (auto) (1675: P). Valbuena, 1522. "Si este pasmo, este horror hacer pudiera" (LX). (A).
43. *El segundo blasón del Austria* (1679: P). Pando, IV, 17. "Llora Adán, de su patria desterrado" (LXI). (A).

A estas obras pueden añadirse aquellas cuyas fechas no se conocen. Las que les asignamos provienen del libro de Hilborn, que las dedujo de las combinaciones métricas. No significa ello que las aceptemos.

44. *Nadie fíe su secreto* (*ca.* 1623-24). B. A. E., 61. "Cuando de mi confuso pensamiento" (LXII). (*Sol.* B).
45. *Los dos amantes del Cielo* (*ca.* 1636). B. A. E., 243. "¿Quién en la humana suerte habrá tenido" (LXIII). (A).
46. *El José de las mujeres* (*ca.* 1640-44).[8] B. A. E., 361, 363. "Licio, ¿la obstinación de tu porfía" (LXIV). (Carta. B). "Que te sirva, Lisarda, me ha pedido" (LXV). (Carta. B). "Dices, Laura, que Fabio está ofendido" (LXVI). (Carta. B).
47. *También hay duelo en las damas* (*ca.* 1648-50). B. A. E., IX, 126. "Si el amor se perdiera, en mí se hallara" (LXVII). (A). "Pues si amor se perdiera, no se hallara" (LXVIII). (A).
48. *Los hijos de la Fortuna, Teágenes y Cariclea* (*ca.* 1651-53). B. A. E., 108. "Pues no que mi primera infausta cuna" (LXIX). (*Dial.* A).

---

[8] Sobre la fecha de esta obra véase más adelante la nota 31.

Interpretación de la lista

Hagamos ahora algunas observaciones.

En primer lugar, sobre el número de sonetos que se halla en esa lista, que son 74. Entre estos sonetos, hay uno en *A secreto agravio, secreta venganza* (núm. 11/XX) que hay que descontar, pues es repetición letra por letra de otro recitado unos cuantos versos antes ("Yo me firmé rendida antes que os viese"). Por lo demás, Calderón repite tres sonetos en obras posteriores. Son los de *El veneno y la triaca* (7/X: "Bellísima deidad, que repetida". *Cf.* 10 y 21), el de *Los tres mayores prodigios* (14/XXV: "Apenas el invierno helado y cano". *Cf.* 34) y el de *Mujer, llora y vencerás* (33/LI. *Cf.* 37). Son, pues, 69 sonetos los que se hallan en esta lista. No podemos descontar uno de *Los tres mayores prodigios* (14/XXVI: "¿Ves el monte que dices, o el Atlante". *Cf.* 16/XXIX) ni otro de *Tu prójimo como a ti* (28/XLVI. *Cf.* 42/LX) porque las segundas versiones han sufrido profundos cambios de sentido; lo mismo se diga, aunque de forma más paliada, del que aparece en *La selva confusa* (1/I. *Cf.* 44/LXII).

En segundo lugar, reparemos en la parquedad calderoniana en el uso del soneto. Si son 74 en un total de unas 200 piezas, en Lope, en un total de 179 obras auténticas, se encuentran 346.[9] Por lo demás, esta parquedad calderoniana se muestra incluso mejor al avanzar el dramaturgo en su carrera. A partir de *ca.* 1650, todas sus obras que tienen sonetos —con una sola excepción: núm. 37— tienen únicamente uno; sólo 18 obras, por cierto, los tienen. Fue éste un fenómeno del teatro español de estos tiempos, y así lo testimonia el propio Calderón, quien, en *Antes que todo es mi dama* (1648), agrega por boca de un personaje estas palabras después de haber recitado éste su soneto:

> aunque hoy el dar un soneto
> no está en uso, dispertando
> las ya dormidas memorias
> de Boscán y Garcilaso.[10]

---

[9] Véase S. G. Morley y C. T. Bruerton, *The Chronology of Lope de Vega's "Comedias"* (New York, 1940), table I.

[10] B. A. E., XII, 550.

Y no es sólo Calderón en quien encontramos este fenómeno; también, en sus contemporáneos. En las 65 piezas que don Ramón de Mesonero Romanos coleccionó bajo el título de *Dramáticos posteriores a Lope de Vega* sólo se hallan 15 sonetos,[11] de los cuales cuatro aparecen en una sola obra del Padre Valentín de Céspedes, tres en otra de Matos Fragoso y otros tres en otra de Ramírez de Arellano.

La misma frugalidad la muestra nuestro autor en el número de sonetos que incluye en una obra. El máximo esfuerzo en este sentido lo manifiestan *El mayor encanto, amor* (núm. 9) y *A secreto agravio* (núm. 11), que tienen cuatro (o cinco ésta, según se mire). No deja de ser significativo que ambas sean de factura temprana. Otras tres obras tienen tres sonetos: *Antes que todo es mi dama* (1648), *Sueños hay que verdad son* (1670) y *El José de las mujeres*, de fecha incierta.

Por otra parte, Calderón favoreció el tipo A en la rima de los tercetos. Sólo 18 sonetos presentan el tipo B;[12] otros dos presentan tipos distintos. Aunque el tipo B aparece en obras que parecen ser tardías, este uso se ostenta con más frecuencia en la primera mitad de su vida.[13] Añadamos que dos obras cuyas fechas no se conocen también presentan el tipo B (44/LXII y 46/LXIV, LXV, LXVI).

Por lo que respecta a los sonetos en soliloquio, también se escatiman. Abundan, en cambio, en Lope de Vega, quien, aunque no los inventó, los puso en boga.[14] Son 15 los que encontramos y pertenecen a todos los períodos.[15] Un soneto en soliloquio aparece en una obra sin fechar (44/LXII).

---

[11] B. A. E., XLVII, 24, 51, 310, 325, 333, 351, 371, 398, 508, 512, y XLIX, 147, 148, 153, 156, 287.

[12] Núms. 1/I, 8/XII, XIII, 11/XXI, 20/XXXV, XXXVI, 24/XLI, XLII, 26/XLIV, 29/XLVII, 33/LI, 35/LII, 37/LIb, 38/LVI, 44/LXII, 46/LXIV, LXV, LXVI.

[13] Véase Dorothy C. Clarke, "Tiercet Rimes of the Golden Age Sonnet", *Hispanic Review* 4 (1936), 379. Lo confirman asimismo los sonetos de nuestro apéndice: siete sonetos con tercetos en B se escriben en 1620, 1621, 1622, 1625, 1631, 1635 y 1639; uno, sin embargo, es del último año de la vida de Calderón.

[14] Puede consultarse L. K. Delano, "The Sonnet in the Golden Age Drama of Spain", *Hispania* 11 (1928), 25-28.

[15] Núms. 1/I, 6/VIII, IX, 12/XXIII, 18/XXXII, XXXIII, 19/XXXIV, 20/XXXV, XXXVI, 22/XXXIX, 26/XLIV, 34/XXVb, 37/LIb, 38/LVI, 39/LVII.

Como venimos viendo, Calderón de la Barca se aparta de Lope y su escuela en la práctica del soneto, pero ello no quiere decir que entre los pocos que nos ha dejado no se halle la variedad a que se sometió esta estrofa en aquellos años. Un soneto con estrambote lo encontramos en el núm. 12/XXIII; son siete los que se escriben en forma de cartas;[16] cinco tienen rimas agudas;[17] de entre éstos, tres son, además, dialogados; a estos tres de diálogo se agregan tres más dialogados en rimas graves.[18] Los de *La viña del Señor* (41/LIX) y *El divino Jasón* (2/II) ofrecen la curiosidad de que la rima del segundo cuarteto es distinta a la del primero; la de los tercetos, además, es insólita en el de *La viña del Señor;* en total, son siete rimas las que este soneto requiere.[19] Digamos, sin embargo, que Calderón no empleó el esdrújulo ni el soneto en eco; ambos recursos, y otros no empleados por este autor, asoman en Lope.

Uno de los hechos que más llaman la atención al estudiar los sonetos de Calderón es encontrarlos en dípticos. No nos es posible por el momento indagar conclusivamente hasta qué punto el autor es original en este respecto, pero semeja serlo mucho. La insistencia calderoniana, al menos, no la recordamos en otro autor. Son 18 los sonetos que así se hallan conectados. Estos sonetos se complementan mutuamente. Si uno expone un punto, el otro lo expande con tema similar o lo contradice; es decir, se convierte en una especie de *joc partit*.[20] Entre las nueve obras en que este hecho

---

[16] Núms. 11/XXI, XXII, 13/XXIV, 32/L, 46/LXIV, LXV, LXVI.
[17] Núms. 2/II, 24/XLI, XLII, 31/XLIX, 35/LII.
[18] Núms. 30/XLVIII, 41/LIX, 48/LXIX.
[19] Calderón, además, inserta dos versos heptasílabos entre los dos cuartetos, uno que rima con el último verso del primero, el otro con el primero del siguiente. Claro que podría no ser un soneto, pero sus catorce versos, el ser éstos endecasílabos, su esquema de 4-4-3-3 y la ortodoxia del primer cuarteto no parecen apuntar a otra clase de estrofa. Juan Díaz Rengifo, en su *Arte poética española* (Salamanca, 1592), clasificaba los sonetos en las siguientes categorías: simple, doblado, terciado, con cola, continuo, encadenado, con repetición, retrógrado, con eco, septenario, bilingüe, de ritornelo, acróstico, comparativo, de semejanza, de pregunta, de respuesta... (Citado por E. Díez Echarri, *Teorías métricas del Siglo de Oro* [Madrid, 2a. ed., 1970], págs. 247-48). Podría, quizá, tratarse de un experimento.
[20] Núms. 4/V, VI, 9/XIV, XV, 11/XIX, XX, 15/XXVII, XXVIII, 16/XXIX, XXX, 20/XXXV, XXXVI, 24/XLI, XLII, 37/LIV, LV, 47/LXVII, LXVIII.

asoma, cinco se pueden datar con precisión entre 1630 y 1637 y otras dos pertenecen probablemente a la década de 1640. La única tardía es *Sueños hay que verdad son* (37/LIV, LV). En un caso, la obra está sin fechar (47/LXVII, LXVIII).

Aunque estos sonetos están en contacto inmediato, hay otros quince —el número es impar porque en un caso forman un tríptico: 46/LXIV, LXV, LXVI— que también pueden considerarse en esta categoría. Todos ellos se hallan en la misma escena. El diálogo que los separa no invalida, con todo, la estrecha conexión que guardan.[21] Un espécimen preclaro es el de *El príncipe constante*, donde aparecen los dos afamados sonetos a las flores y a las estrellas. De las siete comedias donde ello ocurre, cinco son tempranas, otra está sin fechar, otra se representó en 1648. Son, pues, 33 los sonetos que ofrecen esta particularidad; como la proporción es tan grande, hay que concluir que ello constituye un rasgo de estilo.

De las afirmaciones que hemos hecho se pueden deducir algunos juicios. Se habrá notado que, conforme Calderón progresa, los sonetos en parejas tienden a desaparecer. Ocurre igual con la rima de tipo B en los tercetos, el número de sonetos en una obra y el número de ellos dentro de la obra total de Calderón. Aunque estas conclusiones poseen excepciones, la más notable es la de *Sueños hay que verdad son* (núm. 37), de la que se sabe que fue representada en 1670. Esta obra, con sus tres sonetos: LIb, LIV, LV —de los cuales dos forman pareja—, no deja de ser una rareza. Por lo demás, uno de los sonetos de esta obra es autoplagio de otro escrito ya en 1660 (33/LI. *Cf.* LIb); el que Calderón deje transcurrir 10 años entre ambas versiones refuerza las vacilaciones sobre su fecha.

Estas tendencias calderonianas en el uso del soneto en sus años maduros se ven complementadas por otros fenómenos. Mientras que el soneto merma algunas de sus posibilidades, surgen otras en cambio. Así, la rima aguda y el soneto dialogado. Entre los que presentan uno de estos recursos, o ambos a la vez, cuatro sonetos se fechan con exactitud en 1658, 1659, 1663 y 1674. Los otros tres

---

[21] Núms. 3/III, IV, 8/XII, XIII, 9/XVI, XVII, 10/Xb, XVIII, 14/XXV, XXVI, 22/XXXVII, XXXVIII, 46/LXIV, LXV, LXVI.

(24/XLI, XLII, 48/LXIX) podrían haberse escrito alrededor del año 50. [22] Fenómenos tardíos, pues. [23]

En cuanto a sonetos que cierran una escena, son nueve las veces que esto sucede; [24] estas obras pertenecen a todos los períodos. Añadamos que en ningún caso un acto se abre o se cierra con soneto y que su empleo en la comedia no difiere del que se hace en los autos. Los sonetos amorosos abundan más que los religiosos; una pequeña porción de ellos podría calificarse de filosóficos; son éstas las tres categorías temáticas que existen. Cómicos, al revés que en Lope, no los hay apenas; sólo encontramos un caso (11/XXII: "Cinta verde que en término sucinta"), además del que, proveniente de un entremés, publicamos al final. Como en Lope, sin embargo, en algún caso el soneto es una oración. [24b]

Los Sonetos y la Cronología de algunas Obras

Aunque, como el lector habrá observado, los sonetos calderonianos no son de gran ayuda para fechar sus obras —a menos que se coordinen con otros criterios, y es por ello que, para los futuros investigadores, hemos hecho algunas observaciones en este sentido—, al menos en dos casos vienen a concretar las que ya conocemos. Uno es el de *El veneno y la triaca* (núm. 7), ya escrita en 1634. Como este soneto (X) rebrota en *La señora y la criada* (10/Xb) ligeramente perfeccionado, y de esta obra se sabe que estaba escrita antes del 20 de noviembre de 1635, podría inferirse que la fecha *a quo* de esta comedia es 1634. Más adelante expondremos en qué nos basamos para creer en ese perfeccionamiento.

El otro caso es el de un soneto de *Los tres mayores prodigios* (14/XXVI), que se representó el 24 de junio de 1636. El soneto es el que comienza "¿Ves el monte que dices, o el Atlante". Vuelven

---

[22] *Llamados y escogidos* en ¿1648-49?, según Valbuena; *Los hijos de la Fortuna*, ca. 1651-53, según Hilborn.

[23] El de *El divino Jasón* (2/II) posee rimas agudas, es dialogado y los cuartetos riman de forma inusitada (esto último podría ser un defecto de rima), todo lo cual *parecería* indicar una fecha muy posterior a la de antes de 1630 que Valbuena Prat le asigna.

[24] Núms. 3/IV, 4/VI, 16/XXX, 19/XXXIV, 21/X, 30/XLVIII, 33/LI, 39/LVII, 48/LXIX.

[24b] Por ejemplo, núms. 12/XXIII, 17/XXXI, 30/XLVIII, 39/LVII. Otros casos no son tan claros.

a aparecer estos versos, con transformaciones muy importantes (las cuales también estudiaremos luego) que a todas luces denotan que se ha reajustado al nuevo contexto, en *Argenis y Poliarco* (16/ XXIX), de la que hasta ahora se sabía que se mandó a la imprenta el 7 de marzo de 1637. Junio del año anterior debe de ser, pues, la fecha *a quo*.

Un tercer soneto presenta el interés de venir a corroborar la autoría de una obra de Calderón. Los versos se hallan en la controvertida comedia *La selva confusa*, que unos creían de Lope y otros de Calderón hasta que Albert E. Sloman probó —así nos parece a nosotros— ser de este último.[25] El soneto de esa comedia (1/I) es el mismo que encontramos en *Nadie fíe su secreto* (44/LXII); las variantes que existen entre ambos se deben a las presiones del contexto, como también veremos luego. Pero como Calderón autoplagió o adoptó varias veces sonetos suyos, como acaba de quedar indicado, parece inconcebible que se apropiara un soneto ajeno. Agreguemos que es muy arduo decidir cuál de las dos es anterior en fecha.

Por lo demás, *Antes que todo es mi dama* (núm. 22) presenta algún viso favorable. Fue impresa en 1662, pero estaba escrita ya en 12 de abril de 1651, como se deduce de un documento publicado por Pérez Pastor.[26] Y fue representada en 1648. Hilborn la cree de ca. 1636 y a ello no se opone el que uno de los sonetos sea un soliloquio ni el que dos formen un díptico. El primer soneto de la comedia ("Viendo el cabello, a quien la noche puso", XXXVII) ofrece el interés de contener una alusión a cierta pragmática contra el uso del cabello largo. Hubo, en efecto, una pragmática, publicada el 12 de octubre de 1636, que lo prohibía. De lo que Cotarelo copia de ella,[27] parece deducirse que la prohibición se refería a los hombres y no a las mujeres; la alusión en nuestro soneto es a una mujer. Con todo, no parece imposible que Calderón aluda a la

---

[25] Los dos trabajos que mejor presentan ambos puntos de vista son el de H. C. Heaton, "On *La selva confusa*, Attributed to Calderón", *Publications of the Modern Language Association of America* 44 (1929), 243-73, y el del citado Sloman "*La selva confusa*, Restored to Calderón", *Hispanic Review* 20 (1952), 134-48.

[26] *Documentos para la biografía de Don Pedro Calderón de la Barca* (Madrid, 1905), pág. 186.

[27] Lib. cit., pág. 177.

pragmática a fin de incorporar una idea ingeniosa, si bien legalmente inexacta, a su soneto. Si no existe otra pragmática de aquellos años dirigida a las mujeres, y en principio no semeja razonable, la alusión del soneto debe de ser a la de 1636, lo cual nos daría la fecha *a quo*.

Ahora hagamos algunos comenatrios sobre las obras sin fechar. Desgraciadamente, ninguna de las generalidades que hemos notado hasta ahora nos aprovecha para deshacer su imprecisión cronológica.

Nadie fíe su secreto (núm. 44) contiene un soneto de tipo B (LXII) que parecería sugerir una fecha relativamente temprana. Hartzenbusch no la cree posterior a 1651 y Hilborn la sitúa entre 1623-24. Valbuena Briones acepta esta última fecha sin presentar razones.[28] Recordemos que el soneto aparece también en *La selva confusa,* que es de 1623.

En cuanto a *Los dos amantes del cielo* (núm. 45), Hilborn la localiza *ca.* 1636 y Hartzenbusch antes de 1651, pero la cree obra de juventud.[29] El análisis de los sonetos no arroja ninguna luz.

Por lo que se refiere a *El José de las mujeres* (núm. 46), según Hartzenbusch estaba escrita ya en 1651. Hilborn la coloca entre 1640 y 1644. Astrana Marín la juzga algo posterior a 1669, "aunque se ignora el año".[30] Fue publicada en 1660.[31] Este mare mágnum no lo deshacen nuestras conclusiones, aunque es digno de apuntarse que contiene tres sonetos (LXIV, LXV, LXVI), que todos ellos son del tipo B y que dos son un díptico, todo lo cual —en junto— parecería insinuar una fecha relativamente temprana. Hartzenbusch, basándose sin duda en cuestiones de factura, la creía producto de juventud (B. A. E., XIV, 677).

También hay duelo en las damas (núm. 47) estaba escrita ya en 1651, según el mismo erudito. Para Hilborn, se redactó entre 1648 y 1650. Valbuena Briones no dice nada acerca de la fecha. Fue

---

[28] En *Obras completas* [de Calderón de la Barca]. *II. Comedias* (Madrid, 1956), 87.

[29] B. A. E., XIV, 677.

[30] En *Obras completas* [de Calderón de la Barca]. *I. Dramas* (Madrid, 1933).

[31] Una de las aprobaciones es del 12 de noviembre de 1659, fecha *ad quem,* pues, de su composición. Debo este dato a la amabilidad del profesor Edward M. Wilson.

publicada en 1664. Nuestras observaciones no sacan la obra de su penumbra.

Por lo que toca a *Los hijos de la Fortuna* (núm. 48), también escrita ya en 1651, según el propio Hartzenbusch, el hecho de que su soneto sea dialogado (LXIX) le asignaría una fecha relativamente tardía. Para Hilborn, es de *ca.* 1651-53. El soneto no se opone a ello. Fue publicada en 1664.

Los Sonetos Autoplagiados y sus Variantes

Hemos visto que, como Lope, Calderón no hizo remilgos a insertar sonetos de otras procedencias propias en obras suyas, aunque, contrariamente a Lope, nunca llegó a sus excesos; como se sabe, Lope no se mostró reacio a mandar a veces los mismos versos a diferentes amantes. Hemos indicado que esto ocurre en varias ocasiones y cómo en tres casos puede servirnos para concretar la fecha de una obra o para robustecer su paternidad. Ahora debemos ver las diferentes versiones bajo la luz crítica, aunque primero hemos de señalar que nuestras conclusiones tienen que ser necesariamente provisionales. Todo lo que no sea basarse en autógrafos es moverse en el vacío. Por otro lado, no se puede saber con certeza a quién pertenezcan algunas variantes, si al autor o a los editores e impresores. Como fuere, no cabe duda que en muchos casos esas variantes perfeccionan los versos.

Empezando por el soneto de *La selva confusa* ("Cuando de mi atrevido pensamiento", I), que surge de nuevo en la obra sin fechar *Nadie fíe su secreto* ("Cuando de mi confuso pensamiento", LXII), se observará que el mayor cambio entre ambos sonetos radica en el verso 6. 'Intento / a un agravio remedio peregrino', dice un personaje llamado Alejandro aludiendo a la cesión de su dama a su amigo César. Otro cambio viene asimismo impuesto por el nuevo contexto: 'Jacinta' en un caso, 'necio amor' en otro. Aunque ambos son soliloquios, el segundo lo es más si cabe; por ello no se dice 'a tu beldad' en el v. 5 sino 'a mi valor'. Hay que tener en cuenta, además, que en una versión se repite la misma palabra como rima; la otra la cambia a 'adivino', lo que parece sugerir labor de retoque. El v. 11 de *Nadie fíe su secreto,* en fin, incluye el pronombre 'me' en un deseo, quizás, de destruir el hiato. En principio se diría que la versión de la segunda comedia es posterior.

"Bellísima deidad que repetida" (X) se publicó en *El veneno y la triaca,* representada en 1634; el mismo soneto reaparece en *La exaltación de la Cruz* (X), de 1648, con una sola variante que podría ser corrección del autor, de un amanuense o del impresor; la substitución de 'rayo' por 'rasgo' introduce fidelidad en el lenguaje, pero deshace la imagen; podría ser, por ello, errata en lugar de corrección, aunque la preferimos. [32]

El mismo soneto vuelve a asomar en *La señora y la criada* (10/Xb), escrita ya en 20 de noviembre de 1635. Las variantes, que el lector puede ver en el texto, no son de consideración, pero parecen denotar labor de pulimento. La introducción del verbo 'tener' en los versos 6 y 8 añade una fuerza que no posee el verbo 'dejar'; mientras que este verbo implica una participación involuntaria por parte de la amada, el otro implica una acción deliberada; la voz 'poder' en lugar de 'beldad' del v. 8 refuerza esta acción. El pronombre posesivo del v. 6 identifica al hablante, lo que el artículo de la primera versión no hace. Pero es la nueva lectura de los versos 5 y 7 el más notorio cambio del soneto. El hablante se dirige por medio del vocativo con mucha más inmediatez a su interlocutora, lo que los pronombres 'esa' y 'ese' corroboran mediante la destrucción de la lejanía física entre ambos amantes. Casi todas las correcciones, pues, sirven el mismo propósito: el de personalizar y vincular estrechamente a los dos polos del monólogo. El retrato al que habla el amante posee así una proximidad que antes no tenía. [33]

Los dos sonetos siguientes proceden de la misma obra: *Los tres mayores prodigios* (núm. 14), puesta en escena en 1637. Uno es el que principia "Apenas el invierno helado y cano" (XXV), que cerca de cinco lustros más tarde (1661, pero publicada en 1672) reaparecerá en *Eco y Narciso* (XXVb). Como estas obras se publicaron en la *Segunda* (1637) y en la *Cuarta* (1672) partes, respectivamente, y la una la hizo el hermano de Calderón y la otra el propio dramaturgo, debe concluirse la relativa garantía que nos deben merecer las correcciones.

---

[32] *La exaltación de la Cruz* se publicó en la *Primera parte de comedias escogidas* en 1652, una de cuyas aprobaciones es de Calderón.

[33] Recordemos que *La señora y la criada* se publicó en la *Parte cuarenta y seis* en 1679, y, si hay que creer a Vera Tassis (en su advertencia a la *Parte Quinta*, 1682), Calderón mismo corrigió las pruebas.

Son siete las variantes que existen en ambos textos; el segundo es sin duda retoque del primero. El soneto describe el paso del tiempo a lo largo de las cuatro estaciones, que el poeta trata de definir. La definición de tres estaciones es muy imperfecta, con todo, en la primera redacción. Decir, como dice la segunda, que el invierno 'encanece' con 'nieves' a un monte es mucho más propio que decir que lo 'desvanece' con 'nieblas', pues éstas se asocian *in mente* —no necesariamente *in re*— con el otoño, por no mencionar la nueva imagen que 'encanecer' esconde. Lo mismo se diga del verano: los 'rigores' del sol definen esta estación mejor que los 'desprecios'. Y llamar 'alegre' al otoño es evidentemente un desacierto; por ello se le aplica el epíteto 'fértil' en el texto que creemos más tardío. Las otras variantes son sin duda errores tipográficos.

El segundo soneto de *Los tres mayores prodigios* ("¿Ves el monte que dices, o el Atlante", XXVI) presenta un interés de excepción. Alterado profundamente, reaparece en *Argenis y Poliarco* (XXIX), mandada a la imprenta el 7 de marzo de 1637. Esta última obra —recordémoslo— apareció, con la otra, en la *Segunda parte,* editada por el hermano de Calderón, lo cual merece ciertas garantías. Esta versión tiene que ser la segunda a causa de un hecho importante: el soneto de *Los tres mayores prodigios* está escrito para la comedia; luego el otro debe de ser la adaptación. Que ello sea así parece sugerirlo el primer verso, donde existe una alusión al monte Oeta, que se ha mencionado previamente; el monte Atlante de ese primer verso también lo ha sido (acto I, escena ii). De más importancia es, en segundo lugar, el hecho de que los dos tercetos encajen perfectamente con unos versos que ha recitado el personaje a quien el soneto se dirige:

    Viendo que las *horas* las porfías
    cuentan cabal el término a los *días,*
    de los días las tardes y mañanas
    cabal cuentan la edad de las *semanas,*
    de las semanas varios intereses
    cuentan cabal la vida de los *meses*
    y que ya de los meses el engaño
    cabal cuenta la errada luz de un *año,*
    de tu rigor cansado y ofendido,
    no quiero dar mis dichas a partido.

El soneto de *Argenis y Poliarco,* en cambio, no parece haberse escrito en principio para la comedia. Así semeja indicarlo, por ejemplo, el vocativo que la recitadora exclama en el primer verso: un monte real se ha convertido en metafórico. Por lo demás, si en *Los tres mayores prodigios* esos dos montes formaban parte de la escenografía de la pieza, no parece que 'ese monte' del mismo verso lo sea; nada en la escena lo indica. Otra variante viene a confirmar nuestras sospechas. Es la imagen que se aplica al monte. En la primera comedia es 'atalaya del sol', en la otra es 'coluna'. ¿Por qué este cambio? ¿Es que la una mejora a la otra? No lo creemos así; ambas imágenes son igualmente aceptables. La explicación se halla, a nuestro juicio, en el contexto de *Los tres mayores prodigios,* pues versos antes (I, ii) se ha llamado al monte Oeta 'verde coluna del cielo'. Parece obvio que Calderón no desee repetir la misma imagen versos más adelante. En *Argenis y Poliarco* la imagen está aislada.

Lo más resaltante entre las dos versiones es la *commutatio* de una palabra clave por otra, que no lo es menos: 'honor' por 'amor'. Alrededor de estas palabras giran los conceptos de los dos sonetos y, por consiguiente, la presencia de diferentes tercetos, que en cada caso resuelven de modo distinto el planteamiento. En nuestro soneto, los dos cuartetos sirven para que el personaje compare su honor, en un caso, y su amor, en otro, a un monte. Ambas comparaciones se explayan en los seis primeros versos, hasta que en el séptimo se expone el término comparado y en el octavo se saca la consecuencia: el monte 'menos firme será, menos constante' que el honor o el amor. Son estas dos palabras, pues, la culminación del cuarteto.

A partir de ellas, el soneto se vuelve a precipitar en los tercetos. Lo que se dice en ellos es consecuencia natural de esa palabra cumbre. En *Los tres mayores prodigios,* la recitadora es Deyanira, que ha sido robada y solicitada insistentemente por el centauro Neso. Ante sus solicitaciones, Deyanira, que no le ama, se ha obligado a mantener su honor. Ni la cuenta de días y horas, ni los engaños de meses y semanas, ni las porfías de años y siglos han de mancillarlo. En el primer terceto, la enumeración temporal adquiere un ritmo ascendente que se culmina en el último término de la cadena cronológica: siglos. E inmediatamente, el segundo terceto viene a complementar el pensamiento inacabado, que en el último verso se recoge espléndidamente en una de esas recolecciones tan bienquistas de Calderón.

El soneto de *Argenis y Poliarco,* por su parte, ofrece la misma andadura. Los dos cuartetos presentan variantes de poca monta y no son sino muestras del pequeño reajuste que estas cosas necesitan. Pero al llegar a la palabra clave, la gravidez del contexto se impone. Argenis ama a Poliarco y no ha sido raptada ni solicitada por éste. El contexto dramático y los sentimientos de la recitadora deben, pues, rechazar los versos que aquí serían inanes y procurarse otros. El amor de la protagonista hará ahora leyes para obligar a su amado, buscará preceptos de obedecerle y negará los dioses por adorarle. Incluso le entregará el alma después de muerta 'porque muerta aún, no deje de quererte'. Lo que en el primer soneto era recopilación final de una rotunda afirmación de constancia honrosa aquí es una última afirmación de constancia amorosa. El recurso del último verso del primer soneto —enumeración climáctica— se humaniza en el segundo sin afeites retóricos. Gana así éste sobre aquél en fuerza y emoción. He aquí, pues, un mismo soneto con dos temas —honor, amor— o dos sonetos con un mismo tema: la constancia.

Otro de los sonetos autoplagiados es "Hermosas luces, en quien miro atento" (LI), impreso primero en *Mujer, llora y vencerás,* de 1660, y luego en *Sueños hay que verdad son,* de una década posterior (LIb). Es el único ejemplo de un soneto que de una comedia pase a un auto; el caso inverso lo vimos ya con el de *El veneno y la triaca.* Las variantes de ambos textos son mínimas, aunque, como casi siempre, preferimos el segundo. La inserción de la exclamación en el v. 9 y la supresión del verbo en el v. 13 producen, en el primer caso, un énfasis antes inexistente y, en el segundo, la omisión de una palabra innecesaria. Y si una sinalefa se introduce en el primero y otra se suprime en el segundo, en ambos casos el verso adquiere mejor eufonía. [34]

---

[34] Valbuena Prat, quien por cierto ha indicado ya esta resurrección del soneto, cita unos versos de *Las fortunas de Andrómeda y Perseo* y el soneto a las estrellas de *El príncipe constante* como reduplicación de éstos; un análisis detallado de la obra calderoniana cedería otros paralelismos, pues es éste un tema no poco socorrido de nuestro dramaturgo (v. su ed. cit., págs. 1209-10).

El otro soneto de nuestro recorrido presenta no poco interés. Pertenece a *Tu prójimo como a ti,* que podría datarse, en la opinión de Alexander A. Parker, en ¿1656? Este auto presenta dos redacciones y, como puede verse en su lugar, existen tres variantes entre ellas por lo que toca a nuestro soneto ("Si esta sangre por Dios hacer pudiera", XLVI). Algo mudado, reaparece en *El jardín de Falerina* ("Si este pasmo, este horror hacer pudiera", LX), de 1675.

Las mudanzas entre ambos sonetos son menores con excepción de las del primer cuarteto. El v. 6 difiere algo en ambos, pero de ninguno puede decirse que sea superior. Lo mismo afirmamos del v. 11, donde es sólo una palabra la que se cambia, lo cual hasta podría ser debido a la transmisión del texto. El primer cuarteto, sin embargo, presenta diferencias que revelan una adaptación a los diversos contextos. El pecador arrepentido de un soneto está cubierto de sangre y así lo tiene que expresar el primer cuarteto, el verbo 'derramar' del v. 7 y el substantivo 'agonía' del v. 9. El pecador de *El jardín de Falerina,* en cambio, aparece rodeado de las tentaciones de los sentidos, que en escena están simbolizadas por un león, un tigre, un espín, un erizo y un camaleón. Aunque esta obra parece ser posterior, las variantes no lo revelan de por sí.

Las conexiones de ambos sonetos con el famoso "No me mueve, mi Dios, para quererte" son palmarias. Hemos de agregar que reminiscencias de este soneto habían aparecido ya mucho antes en *La dama duende* (1629), allí a lo profano ("Bella Beatriz, mi fe es tan verdadera", V). Versiones "a lo divino" de temas laicos son bien corrientes; ésta calderoniana presenta el aliciente de ser un caso inverso.[35]

El Estilo

Los sonetos calderonianos presentan la variedad de recursos que se encuentra en las obras de sus contemporáneos; su insistencia en algunos de ellos, sin embargo, revela preferencias personales que los constituyen en rasgos estilísticos suyos. Ni que decir

---

[35] Calderón conserva la idea básica del famoso soneto en "Lágrimas que vierte una alma arrepentida" (v. Sister Mary Cyria Huff, *The Sonnet 'No Me Mueve, Mi Dios'* — *Its Theme in Spanish Tradition* [Washington, The Catholic University of America Press, 1948], pág. 108. Ms. Huff se olvida de mencionar el papel innovador de Calderón).

tiene que en el resto de la obra calderoniana se hallan los mismos recursos; los sonetos son el pequeño muestrario que los exhibe. [36]

Estos recursos muestran, por lo general, la afición de nuestro dramaturgo por edificar su poesía con perfección geométrica. Construcciones paralelas como la siguiente se hallan a menudo:

> reina de esta república de fieras,
> señora de este piélago de hombres. (XVII)

El paralelismo de la sintaxis de ambos versos, que podría sugerir simplicidad técnica, viene reforzado por la sinonimia de los primeros términos y la doble imagen, iluminada por las antítesis de los términos segundos; sinonimia, imagen y antítesis que vienen a imbuir una enorme elasticidad retórica a lo que parece un sencillo procedimiento.

Las recopilaciones son otro recurso retórico que en estos versos encontramos.

> La cuenta de las horas y los días,
> de semanas y meses los engaños,
> de los años y siglos las porfías,
> no te han de mejorar de desengaños;
> porque no han de vencer las ansias mías
> *horas, días, semanas, meses y años.* (XXVI)

El último verso es así el blanco al que todos los anteriores dirigen sus flechas. Es la cúspide del soneto y el que le da sentido y remate. Recopilación tal puede verse en el soneto "Jeroglífico hermoso, en quien se vierte" (XI), entre otros.

Los siguientes versos son buen exponente de uno de los efectos retóricos más frecuentes en el Barroco:

> Torpe el *discurso*, atado el *pensamiento*,
> la *razón* ciega, el *ánimo* oprimido,

---

[36] Hago las observaciones que siguen independientemente de algunos excelentes estudios sobre la poesía de Calderón, entre los que desearía destacar "La correlación en la estructura del teatro calderoniano", de Dámaso Alonso (v. *Seis calas en la expresión literaria española* [Madrid, Gredos, 1963], págs. 109-175) y "La poesía dramática de don Pedro Calderón de la Barca", de Edward M. Wilson (en *Litterae Hispanae et Lusitanae*. Herausgegeben von Hans Flasche [München, 1968], págs. 487-500).

> sin uso el *alma,* el *corazón* rendido,
> muda la *voz* y tímido el *aliento,*
> sin *voluntad, memoria, entendimiento,*
> vivo cadáver de este tronco he sido. (XIV)

Con esta *enumeratio,* el poeta crea una visión de conjunto de toda la vida mental y emocional de su personaje. El extenso uso, además, del asíndeton confiere una velocidad notable a los versos, donde asoma esa tormentosa alma en un fugaz momento. Y de nuevo, la sinonimia relajada de los adjetivos agrega esa variedad deseable en toda uniformidad retórica.

Las antítesis, con su finalidad paradójica, inmergen al lector en el mundo caótico de un ser en sufrimiento:

> Olvido ingrato, agradecido adoro,
> aborrezco cobarde, amo atrevido,
> llamo y me huyo, quiero y no deseo,
> canto mis penas y mis glorias lloro. (LXII)

He aquí, al parecer, una lista de verbos con sus correspondientes adjetivos adverbiales: nada más. Nada más ante una mirada superficial, pero no para el observador atento: véase cómo el poeta sitúa el verbo antes que el adjetivo en ese segundo verso, cómo suprime el adjetivo en el tercero, cómo en el primero coloca los verbos al principio y final de verso, tal como ocurre en el verso que cierra el concepto, donde, por lo demás, ya no son adjetivos sino substantivos los que asoman. La de Calderón es una geometría de gama riquísima.

Gradaciones son algunas las que existen. He aquí unos ejemplos:

> Bella Beatriz, mi fe es tan verdadera,
> mi amor tan firme, mi afición tan rara... (V)

> Aquí, Señor inmenso y soberano,
> tus iras, tus venganzas, tus castigos... (XXIII)

> A ellos llegué, seguro y defendido
> de escándalo, de horror, de asombro tanto... (XVI)

> Viendo estoy mis imperios dilatados,
> mi majestad, mi gloria, mi grandeza... (XII)

> En alegre, en feliz, en dulce estado,
> todo amor, todo paz, todo alegría... (XLV)

Toda gradación es una sinonimia que aspira a olvidarse de sí misma en un esfuerzo de superación. Se acumulan palabras en cadena y cada cual expresa un poco más que la anterior. El lector asciende en una constante tensión hasta la última palabra, donde la fuerza expresiva se rompe y expande.

No podían faltar en estos versos las imágenes típicas de Calderón. Si un día se compilara un índice de ellas, el resultado causaría asombro: tantas y tan imaginativas, tan variadas son. 'Iris listado de oro, nieve y grana' llamará a las flores, y a las estrellas, 'flores nocturnas'. 'Atalaya del sol' es un monte; 'basilisco del tiempo', un reloj. El grano de una espiga es 'lágrima del rocío'; los brazos del esposo son 'solio' para la esposa, y sus pies, 'esfera'. La porfía de un amante es 'mariposa solícita' que 'morir quiere a la luz del desengaño'; la Cruz es 'eclíptica' del sol, y sus dos maderos, 'dos rumbos de carmín'. 'República de fieras' y 'piélago de hombres' es la isla de la encantadora Circe, y en un soneto anterior, la isla es 'república de nieve' y el mar, 'piélago de plata'. En un soneto llama a los celos camaleón, basilisco, topo, halcón, sirena, áspid y lince (XXXIII). Otros dos son en su integridad una metáfora continuada: el hablante es volcán en uno y náufrago en otro (VIII, XXXVI).

Las exclamaciones, las interrogaciones y los vocativos son muy abundantes, así como el uso de la voz 'estrella' en su significación de hado o en otros. Los hipérbatos suelen ser muy ortodoxos por lo general, con alguna excepción como ésta:

       santo
 de ángeles con el coro le apellida. (LXI)

Muy ortodoxos son asimismo los encabalgamientos, aunque abundan en profusión. Es éste uno de los rasgos estilísticos más peculiares de Calderón y en su obra dramática podríamos apuntar centenares, algunas veces muy inusitados;[37] éste del soneto XLIX servirá de muestra:

---

[37] Por ejemplo, éste de *Nadie fíe su secreto* (B. A. E., XIV, 61):
  Mandóme don César que
  buscase a don Fénix, por
  que quiere hablarle, y aunque
  me ha costado mucho tor
  mento, a don Fénix no hallé.

> Exaltada deidad en quien se vio
> madrugar el aurora, para que
> floreciese la vara de Jesé
> y brotase la flor de Jericó.

Muy frecuente en su obra es la ruptura de versos mediante exclamaciones o interrogaciones con el valor de soliloquios, como este ejemplo del soneto XLV:

> Yo entre los dos, ¡oh rigurosa suerte!,
> equívoco juzgué, ¡necia disculpa!

Esta destrucción de la geometría sintáctica es al mismo tiempo creación de otra geometría. Como Valbuena Prat ha dicho, "este procedimiento da, aparentemente, la sensación de falsedad o de retórica amanerada, y sin embargo, si se tiene en cuenta la gesticulación, el tono, la matización del actor, podemos observar que se trata de un efectismo teatral que tiende a un fin perfectamente aceptable."[38]

Otros recursos favorecidos de Calderón, en fin, son los de terminar unos versos dialogados al unísono, como en nuestro soneto XLVIII, o con el mismo verso dos sonetos en contacto, como sucede en los núms. XVI y XVII, y XLI y XLII. En un soneto dialogado, los versos penúltimo y último pueden ser idénticos (LXIX).

La Calidad de estas Composiciones

No son estos sonetos los mejores especímenes del genio lírico de Calderón; en sus piezas dramáticas se hallarán versos mejores. Algunos, sin embargo, son de primera categoría, como el celebérrimo a las flores de *El príncipe constante* y su parejo a las estrellas, que expresan una diferente filosofía ante la vida (III, IV). "For Fernando —como ha dicho Albert E. Sloman— the flowers symbolise the fate of man; they reveal the transience of time and the inevitability of death, facts of life which Fernando accepts

---

[38] En *Calderón. Su personalidad, su arte dramático, su estilo y sus obras* (Barcelona, 1941), pág. 41.

with resignation. Fénix, having requested flowers, discovers in them yet another warning of facts from which she is trying to escape. She dislikes both flowers and stars which remind her that she, like them, must die." [39]

El que comienza "Apenas el invierno helado y cano" (XXV) se cuenta entre los mejores y, como Valbuena Briones ha dicho, es "digno de la más estricta antología". [40] Tiene este soneto una gran fluidez y repite el tema de la fugacidad del tiempo, tan favorecido de Calderón. Se observará que los acentos caen siempre en la sexta sílaba y que los secundarios, para destruir la monotonía, lo hacen en la primera, segunda, tercera y cuarta. La sílaba acentuada en los cuartetos lleva siempre la vocal 'e' u 'o'; en los tercetos, el poeta abandona esta última para introducir el resto de las vocales. Entre las vocales acentuadas primaria o secundariamente, las vocales 'a', 'e' y 'o' aparecen en número casi idéntico, y en mucha menos proporción las otras dos vocales. No deja de ser curioso notar que la última vocal acentuada en los tercetos sea la misma. En cuanto a las consonantes, no prevalece ninguna, a no ser la 'r', sea fuerte o suave, cierre o no cierre sílaba, la cual sin duda viene a insertar un elemento sonoro en un conjunto consonántico tan apagado. Cuestiones son éstas muy difíciles de decidir, pero no cabe duda que el soneto suena muy agradablemente y que alguna razón debe explicarlo. Esa armoniosa disposición de las vocales, su sincronizada acentuación, el proporcionado número de ellas, la situación de los acentos secundarios y otros factores quizá lo expliquen.

Entre los amorosos, son muchos los aciertos que se podrían señalar: la exacta selección de las palabras, la expresión del concepto y su resolución en versos donde nada falta ni sobra. El que

---

[39] *The Dramatic Craftmanship of Calderón. His Use of Earlier Plays* (Oxford, 1958), pág. 207. Véase también Elias L. Rivers, "Fénix's Sonnet in Calderón's *Príncipe Constante*", *Hispanic Review* 37 (1969), 452-58. E. M. Wilson dice del segundo que es "a dissapointing one" ("Calderón's *Príncipe Constante:* Two Appreciations", *Modern Language Review* 34 [1939], 215). La interpretación de Leo Spitzer de este soneto nos parece inconvincente ("The Figure of Fénix in Calderón's *El príncipe constante*", en Bruce W. Wardropper, *Critical Essays on the Theatre of Calderón* [New York, 1965], págs. 137-63).

[40] *Perspectiva crítica de los dramas de Calderón* (Madrid, 1965), página 373. Adolfo de Castro lo incluyó en sus *Poesías de don P. C. de la B.* (Cádiz, 1845), pág. 81.

principia "Cuando sutil pincel me repetía" (XXIV) podría servir de ejemplo. El propio Calderón, después de insertar estos versos en la pieza dramática, comenta por boca de un personaje:

> El castellano epigrama
> es docto, elegante y cuerdo,
> y de conceptos y voces
> florido, elegante y crespo.
> Abrió con llave de plata
> para cerrar el concepto
> con llave de oro; advertido
> guardó rigor y precepto
> en retrato y papel;
> iguales se compitieron
> pincel y pluma: retrata
> el pincel gala en el cuerpo,
> brío y perfección; la pluma
> pinta en el alma el ingenio. (B.A.E., XIV, 314-15)

Parecidos juicios podrían expresarse acerca de otros sonetos de esta colección. Lo retorcido muchas veces del concepto hace más valioso el transparente desarrollo de ellos.

El dirigido a una antorcha (XLIII), donde el tema de la brevedad de las cosas se vuelve a tratar, es uno de los más notables y justifica, junto con otros, la edición que aquí hacemos. Valbuena Prat, que lo elogia mucho, lo considera "uno de los mejores casos de poesía ascética."[41] La idea central del soneto es, por citar a Eugenio Frutos, "la de que, ardiendo o sin arder, la vida siempre se acaba: si no arde, porque se apaga; si arde, porque se consume, de suerte que siempre 'ahúma las paredes de la huesa'", añadiendo que "el soneto, típicamente barroco, está en relación con los cuadros y temas de las postrimerías."[42]

Muy bellos también son los de *Llamados y escogidos* (XLI, XLII), con sus rimas agudas y los efectos sonoros de la diversa combinación de consonantes; el primero, en especial, posee un cuarteto notorio:

> Alba en nubes de nácar y clavel
> llueva sobre tu cuello de jazmín

---

[41] Ed. cit., pág. 424.
[42] En *La filosofía de Calderón en sus autos sacramentales* (Zaragoza, 1952), pág. 261.

purpúreas rosas del mejor jardín,
cándidos lirios del mejor vergel. [43]

De "¿Quién eres, ¡oh mujer!, que aunque rendida" (XL) decía Menéndez Pelayo que es "casi tan hermoso como el soneto de las flores en *El príncipe constante*". [44] Evidente exageración. Sin haberse de desechar, no se cuenta, sin embargo, entre los mejores.

Sí lo está, en cambio, "Hermosas luces, en quien miro atento", aparecido primero en *Mujer, llora y vencerás* (LI) y luego en *Sueños hay que verdad son* (LIb). Expresa el soneto, en la primera pieza, la tragedia que acosa al príncipe Enrique, que está prisionero de su hermano Federico a causa de estar enamorado éste de la esposa de aquél. Se recitan los versos en una pausa del estruendo militar que acompaña la rebelión del codicioso hermano, cuando Enrique cree ya perdidos su reino, su esposa y su vida. Agobiado por el número infinito de sus males, alza su mirada al cielo buscando la razón que explique su desastrado destino. En esa infinidad de 'hermosas luces' que pueblan el universo debe de haber una —'la más pobre de luz, la más oscura'— donde se halle la respuesta final. El de Enrique es un grito en busca del último porqué de las circunstancias humanas. Si él mismo no se ha fabricado su destino, ¿quién es últimamente responsable? La invocación a las estrellas es, en última instancia, metafórica. No es sólo a las estrellas a quienes se dirige Enrique sino a toda la compleja red universal que no cae dentro de la esfera del libre albedrío.

Y lo mismo puede decirse de los mismos versos en la otra obra. El contexto, muy diferente argumentalmente, le arroja, sin embargo, nueva luz. Es ahora otro personaje —el José bíblico— y otro destino humano los que están en penumbra ante la conciencia. Como ha dicho Glaser refiriéndose a él, "evident in it are Calderón's views on astronomy and astrology which are basic to an appreciation of many of his finest plays. But the sonnet's principal interest lies in its crystallizing the speaker's distress; however poignant the expression of emotion, the psychological condition of Joseph can be fully apprehended only if the immediately preceding

---

[43] Hilborn observa (art. cit., pág. 159) que Calderón, a diferencia de sus contemporáneos, da al verso agudo "a majestic and solemn quality, rather than a comic effect."

[44] En *Calderón y su teatro* (Madrid, 1881), III, 43.

events are taken into account. Joseph has just received a binding promise of help from the cupbearer, who has been reinstalled in his office. In this context the verses [...] denote Joseph's utter disillusionment with his fellow men as well as his disbelief in a possible remedy for his plight."[45] Estos versos, en fin, podrían ponerse en boca de otros muchos personajes calderonianos. Mucha de la problemática de éstos está contenida en el estrecho marco del soneto.

Por lo que toca a los dos sonetos de *El gran teatro del mundo*, los comentarios de un gran calderonista —Alexander Parker— nos eximirán a nosotros de hacerlos.[46] Según él, el primer soneto es un poco confuso ("Viendo estoy mis imperios dilatados", XII). Los primeros seis versos muestran el gran orgullo que el rey posee de serlo. Todo el énfasis recae en él: es por él por quien la naturaleza ha prodigado sus perfecciones; su belleza existe sólo para obedecerle. Toda la gloria es suya, sin que posea una finalidad que el rey debe acatar. Los dos versos siguientes parecen sugerir su despego hacia el bienestar económico de los súbditos y ni siquiera apuntan el vacilante reconocimiento de sus deberes implícitos en su respuesta al Pobre. A estas alturas del soneto no existe todavía aceptación de finalidad ni función, aunque la idea se introduce en los tercetos. El mundo es un monstruo de muchos cuellos y debe ser sometido y gobernado. 'Monstruo' no posee aquí su connotación terrible, sino la que expresa confusión y conflicto. La idea de gobierno contenida en la frase 'domar con yugo las cervices' no conlleva necesariamente, por ello, la de tiranía, ya que la metáfora viene requerida por el uso de la palabra 'monstruo'; con ella se quiere expresar la solución del conflicto y la substitución del orden por el caos. Es esta la ciencia del buen gobernar con que los cielos le han agraciado. Con todo, no sugiere el Rey ni por un momento que el orden que él sueña debe basarse en la caridad. Su idea del deber parecería por ello inadecuada, aunque por lo menos está ahora consciente de que tiene un deber y de que está deseoso de cumplirlo, y esto en sí ya es meritorio.

En cuanto al segundo (XIII), Parker hace el comentario siguiente. La Hermosura compara su poder al del Rey y decide que

---

[45] Edward Glaser, "Calderón de la Barca's *Sueños hay que verdad son*", *Zeitschrift für romanische Philologie* 82 (1966), 57-58.

[46] *The Allegorical Drama of Calderón* (Oxford, 1943), págs. 138-40.

el suyo es mayor, encontrando en ello su satisfacción suprema. El soneto juega con sencillos contrastes: 'vidas', 'almas', 'mundo', 'cielo'. Si el rey posee un imperio, también ella. Pero mientras que él gobierna hombres, ella gobierna almas; su imperio es terrenal, el de ella es divino. Satisfecha de haber distinguido lo espiritual de lo material, ha elegido lo mejor. Pero ha hecho la distinción en lo que importa menos —para otros— y sólo con el fin de exaltar su propia vanidad. No la ha hecho, en cambio, donde más importa: en sí misma. Ha rendido su propia alma y las de los hombres a su carne, en vez de conducir éstos a Dios. No sólo ha esclavizado a éstos sino a sí misma también. La deformación es completa y no existe nada en absoluto que lo justifique. ¿Cómo, pues, ha de poder arrepentirse si todavía está totalmente ciega y sorda? Porque ella es la única que sufre la destrucción de lo que el mundo le ha dado y no puede retornarlo; ella es la única que cesa de ser en vida lo que empezó siendo. Ella misma no puede conservar su perspectiva, ya que contempla la disolución de aquello en que estaba basada, puesto que la belleza se desvanece con la edad y desaparece con la muerte.

Basten estos pocos juicios para respaldar la alta calidad de algunas de estas composiciones.

Los Problemas de la Crítica Textual Calderoniana

Una edición de los sonetos calderonianos presenta mayor número de problemas que la de una obra. Para hacer la de ésta es suficiente colacionar los diferentes textos impresos y, si los hay, manuscritos. Los sonetos se hallan en 48 obras distintas y hay que seguir la pista de cada uno en las fortunas —o mejor, infortunios— de cada una de esas obras. Un ejemplo. *La dama duende*, donde se hallan dos sonetos, se imprimió en la *Primera parte* de 1636, que tuvo una segunda edición (dúplice) en 1640 y que volvió a editar Vera Tassis en 1685. Apareció esta comedia también en la *Parte treinta y nueve de comedias de famosos autores*, en *Doze comedias las mas grandiosas que asta aora han salido* y en una colección de *Comedias de varios autores*. Son, pues, siete textos, cuando menos, los que hay que consultar para establecer un par de sonetos.

No es éste un caso único. Refiriéndose a *Secreto agravio,* Edward M. Wilson afirma que "the manuscript must remain the basis for the critical text, but both the two *Partes* and even Vera Tassis will also have to be consulted." [47] El mismo erudito afirma prácticamente lo mismo de *La púrpura de la rosa.* [48] Hay que decir igual de muchas otras comedias de Calderón, con el agravante de que muchas no aparecieron impresas en ninguna de las cuatro *Partes* originales. En una palabra: se requiere hacer la investigación que 48 diferentes ediciones críticas necesitan.

Esta paciente labor no es todo lo ardua que parece. Una biblioteca ideal donde se hallaran todos los textos haría de la tarea cuestión de semanas. Pero esos textos se encuentran dispersos por Europa y América, algunos en ejemplares escasísimos. Y el uso de la micropelícula o fotocopia, con ser fatigosísimo para la vista y caro para el bolsillo, exige una organización de incómodas proporciones.

Si, con todo, ejecutáramos esta labor, como nosotros hemos hecho, ¿podrían ofrecerse los textos genuinos de Calderón? Nosotros creemos que no. Las comedias de este autor se publicaron en cuatro *Partes,* de las cuales la primera tuvo cuatro ediciones; la segunda, otras tantas; la tercera, tres; la cuarta, otras tres. Por lo demás, las partes quinta a novena las hizo Vera Tassis, de quien no hay que fiar; tampoco —añadamos— de esas cuatro llamadas originales, que fueron hechas por diversos compiladores. Mientras no tengamos autógrafos de Calderón nos moveremos en la incertidumbre, ya que apilar variantes inciertas nos daría un cierto texto, pero no un texto cierto.

Astrana, que, según él, consultó para su edición las cuatro primitivas partes, las ediciones de *Varias,* las sueltas y la impresión de Vera Tassis, afirma que "a decir verdad, ningún texto nos satisface plenamente", añadiendo que "en algunos casos ha sido imprescindible una verdadera reconstitución a la vista de todos". [49] Por si estas palabras no bastaran, tengamos en cuenta el desacuerdo

---

[47] "Notes on the Text of *A secreto agravio, secreta venganza*", *Bulletin of Hispanic Studies* 25 (1958), 78.

[48] "The Text of Calderón's *La púrpura de la rosa*", *Modern Language Review* 54 (1959), 29-44.

[49] Pág. lix de su ed. cit.

de opiniones —producto de un desacuerdo de los textos— que existe todavía en ciertos puntos básicos. Por ejemplo, mientras que Hesse afirma la casi total ineficacia de la edición de Vera Tassis, Shergold prueba, en cierta medida, lo contrario.[50] La opinión de este último la corrobora Wilson implícitamente cuando recomienda, como vimos más arriba, que *A secreto agravio* y *La púrpura de la rosa* deben consultarse, además de en otras ediciones, en la de Vera. Si para Heaton la edición de la *Segunda parte* que él designa con las siglas Q-C le parece que "must be chosen as a basis" en oposición a la que él denomina Q,[51] Oppenheimer —basándose en el análisis de *El astrólogo fingido*— debate esta afirmación.[52]

Por otro lado, si bien una de las dos impresiones de la segunda edición de la *Primera parte* (1640) parece ser de unos treinta años más tarde y menos fiel que la genuina de 1640, Wilson cree, con todo, que en la falsa puede haber correcciones de Calderón.[53] Esto mismo pensaba Heaton, en su artículo citado, de una de las dos de la *Segunda* (1637), de las que una es falsa y se hizo muchos años más tarde. Por lo que toca a la *Tercera parte* (1664), la reimpresión más tardía —aunque lleva la misma fecha— parece ser menos digna de fe;[54] de todas formas, ninguna revela haber sido supervisada por Calderón.[55]

Acaece también a veces, por si no bastara, que un mismo libro lo imprimían simultáneamente diversos impresores; así sucede con la *Primera parte* falsa —fechada en 1640, pero de *ca*. 1670-71— y con la *Tercera* falsa (la de *ca*. 1673), como ha mostrado D. W.

---

[50] El primero, en "The Publication of Calderón's Plays in the Seventeenth Century", *Philological Quarterly* 27 (1948), 50, notas 37 y 38. El segundo, en "Calderón and Vera Tassis", *Hispanic Review* 23 (1955), 212-18.

[51] "On the *Segunda Parte* of Calderón", *Hispanic Review* 5 (1937), 208-24.

[52] "Addenda on the *Segunda Parte* of Calderón", *Hispanic Review* 16 (1948), 335-40.

[53] "The Two Editions of Calderón's *Primera parte*", *The Library* 14 (1959), 175-91.

[54] Edward M. Wilson, "On the *Tercera parte* of Calderón — 1664", *Studies in Bibliography* 15 (1962), 223-30.

[55] D. W. Cruickshank, "The Printing of Calderón's *Tercera parte*", *Studies in Bibliography* 23 (1970), 230-51.

Cruickshank.[56] Todo esto sin mencionar las comedias que aparecieron en colecciones aparte y que en algún caso pudieron servir de 'original' para su reimpresión en alguna de las *Partes*. Así lo cree Cruickshank de la segunda parte de *La hija del aire,* que antes de aparecer en la *Tercera* (1664) se publicó en 1650 en una colección de *Diferentes*.[57]

En cuanto a los autos, su problemática es también peliaguda. Además de la colección parcial que el propio Calderón publicó en 1677 conocida como *Primera parte* (la cual tuvo reimpresiones en 1690 y 1715), aparecieron luego más o menos completos en la edición de Pando (1717) y años más tarde en la de Apontes (1759). Téngase en cuenta que de la edición del primero existen dos impresiones distintas: una con la portada en negro y rojo y otra sólo en negro; por si no fuera suficiente, la bicolor posee dos impresiones, al paso que posee cuatro la monocroma. Wilson, que ha estudiado los problemas textuales de estas ediciones, opina que la impresión de 1677 es más fidedigna que las de 1690 y 1715,[58] como también lo es la bicolor de 1717 hecha por el impresor Manuel Ruiz de Murga en Madrid.[59]

Es esto un compendio sólo de los muchos problemas que al investigador de textos calderonianos se le presentan.[60]

---

[56] "Calderón's *Primera* and *Tercera partes:* the Reprints of '1640' and '1664'", *The Library* 25 (1970), 105-19.

[57] Su art. cit. en *Studies in Bibliography,* 247-8. Esta fecha de impresión hay que tenerla ahora en cuenta para datar las dos partes de la comedia, de las que sabíamos que se representaron en 1653. (Discute esta cuestión Gwynne Edwards en su ed. de ellas [London, Tamesis, 1970], págs. xx-xxiii.)

[58] Véase "Calderón's *Primera parte de autos sacramentales* and don Pedro de Pando y Mier", *Bulletin of Hispanic Studies* 37 (1960), 16-28.

[59] "On the Pando Editions of Calderón's *autos*", *Hispanic Review* 27 (1959), 324-44, y "Further Notes on the Pando Editions of Calderón's *autos*", *Hispanic Review* 30 (1962), 296-303.

[60] Aparte de los trabajos antiguos de M. A. Buchanan (*Modern Language Notes* 22 [1907] y M. Toro y Gisbert (*Boletín de la Real Academia Española* 5 [1918] y 6 [1919]), pueden verse también E. W. Hesse, "The Two Versions of Calderón's *El laurel de Apolo*", *Hispanic Review* 14 (1946), 213-34, y "The First and Second Editions of Calderón's *Cuarta Parte*", ib. 16 (1948), 209-37.

Nota Preliminar a Nuestra Edición

Para establecer el texto de nuestros sonetos hemos tenido en cuenta las cuatro partes originales en todas sus impresiones, además de las nueve que componen la edición de Vera Tassis; hemos visto también algunas colecciones de *Varias, Escogidas, Laureles* y *Primaveras,* así como algunas sueltas e incluso editores modernos como F. Astrana Marín y el no tan moderno Hartzenbusch. Para los autos, hemos consultado las ediciones de Pando y Apontes, como también la *Primera parte* de ellos estampada por el propio Calderón, sin tampoco dejar a un lado a un editor moderno como A. Valbuena Prat. Digamos, con todo, que nuestros textos están establecidos básicamente sobre Vera Tassis para las comedias y sobre Pando para los autos.

He aquí las siglas de estos libros, empezando con los de comedias:

QCL: *Primera parte.* Madrid, 1636. Por María de Quiñones. A costa de Pedro Coello y de Manuel López.

VSL: *Primera parte.* Madrid, 1640. Por la Viuda de Juan Sánchez. A costa de Gabriel de León.

VS: *Primera parte.* Madrid, 1640. Por la Viuda de Juan Sánchez.

Vera I: *Primera parte.* Madrid, 1685. Por Francisco Sanz.

QC: *Segunda parte.* Madrid, 1637. Por María de Quiñones. A costa de Pedro Coello.

Q: *Segunda parte.* Madrid, 1637. Por María de Quiñones.

S: *Segunda parte.* Madrid, 1641. En la imprenta de Carlos Sánchez.

Vera II: *Segunda parte.* La edición *princeps* es de 1686.[61] Hemos manejado la de Madrid, 1726. Por la Viuda de Blas de Villanueva.

Excel.mo: *Tercera parte.* Madrid, 1664. Por Domingo García Morrás. A costa de Domingo Palacio y Villegas. [En la sexta línea de la portada aparece

---

[61] Véase Max Oppenheimer, "A Spurious Edition of the *Segunda Parte* of the Vera Tassis Edition of Calderón's *Comedias*", *Hispanic Review* 19 (1951), 346-52.

la abreviatura Excel.^{mo} en lugar de Excelentissimo como tiene la siguiente.]

GM: *Tercera parte.* Madrid, 1664. Por Domingo García Morrás. A costa de Domingo Palacio y Villegas.

Vera III: *Tercera parte.* Madrid, 1687. Por Francisco Sanz.

FB: *Quarta parte.* Madrid, 1672. Por Joseph Fernández de Buendía. A costa de Antonio de la Fuente.

BH: *Quarta parte.* Madrid, 1674. Por Bernardo de Hervada. A costa de Juan de Calatayud.

Vera IV: *Quarta parte.* Madrid, 1688. Por Francisco Sanz.

Vera V: *Verdadera quinta parte.* La edición *princeps* es de 1682. Hemos tenido que manejar la de Madrid, 1694. Por Francisco Sanz.

Vera VI: *Sexta parte.* Madrid, 1683. Por Francisco Sanz.

Vera VII: *Séptima parte.* Madrid, 1683. Por Francisco Sanz.

Vera VIII: *Octava parte.* Madrid, 1684. Por Francisco Sanz.

Vera IX: *Novena parte.* Madrid, 1691. Por Francisco Sanz.

Doze 1647: *Doze comedias las mas grandiosas que asta aora han salido de los meiores y mas insignes Poetas. Segunda parte.* Lisboa, 1647.

Varias 1649: *Parte sexta de comedias varias de diferentes autores.* S. l., 1649.

Nuevas 1651: *El mejor de los mejores libros que ha salido de comedias nuevas.* Alcalá, 1651.

Escogidas 1652: *Segunda parte de Comedias escogidas de las mejores de España.* Madrid, 1652.

Laurel 1653: *Laurel de comedias. Quarta parte de diferentes autores.* Madrid, 1653.

Varias 1660: *De los mejores el mejor libro nuevo de comedias varias nunca impresas. Parte treze.* Madrid, 1660.

Escogidas 1662: *Parte diez y siete de comedias nuevas y escogidas de los mejores ingenios de Europa.* Madrid, 1662.

Primavera 1679: *Primavera numerosa de muchas armonías luzientes en doce comedias fragantes. Parte quarenta y seis. Impressa fielmente de los borradores de los más célebres plausibles ingenios de España.* Madrid, 1679.

Varios autores: *Comedias de varios autores.* [62]

---

[62] Tiene la signatura T/14.816-46 en la Biblioteca Nacional de Madrid, donde, por lo demás, hemos visto todas estas colecciones de *Varias*.

Designamos de la siguiente forma las ediciones de los autos:

Autos I (1677): Pedro Calderón de la Barca, *Autos sacramentales, alegóricos, y historiales. Primera parte.* Madrid, 1677. Por Ioseph Fernández de Buendía.
Autos I (1690): *Idem.* Madrid, 1690. Por Juan García Infanzón.
Pando: *Autos sacramentales, alegóricos, y historiales.* Ed. de Pedro de Pando y Mier. Madrid, 1717. 6 vols. Por Manuel Ruiz de Murga.
Apontes: *Idem.* Ed. de J. Fernández de Apontes. Madrid, 1759-60. 6 vols. Imprenta del Supremo Consejo de la Inquisición.[63]

Hagamos algunas observaciones sobre algunos sonetos. Los núms. XXVII y XXVIII, procedentes de *Mañana será otro día,* no se encuentran en esta comedia según se publicó en Vera VII, como tampoco en la reimpresión de Madrid, 1715, por Juan Sanz. Hemos tomado los sonetos, por ello, de la edición de Hartzenbusch, aunque los hemos comparado con el texto que aparece en *Nuevas 1651.* Por lo que respecta a *Enfermar con el remedio,* también sus sonetos (XXXV, XXXVI) provienen de Hartzenbusch, pues Vera Tassis no editó esta obra. Se imprimió, con todo, en *Laurel 1653* y con esta impresión los hemos cotejado.

Otros sonetos reconocen otras procedencias. Son los núms. I (de Northup), XXXII y XXXIII (de Hesse) y LVI (de Černý). Las comedias en que están el primero y el último no se encuentran en Vera; los de Hesse están basados en un manuscrito, aparte de que el XXXIII no aparece en ninguna de las impresiones. Dos sonetos incluidos en autos (II, XXXIV) los hemos copiado de Valbuena Prat, ya que ninguna de esas obras se estampó en Pando ni en Apontes.

---

[63] No hemos podido ver *Autos I* (1715); con todo, E. M. Wilson afirma que esta edición "is a page-by-page reprint of the edition of 1677" (*BHS* 37 [1960], 23). Tampoco nos ha sido posible ver la edición en negro y rojo de Pando, que en Estados Unidos sólo se encuentra en Berkeley (el vol. VI, sin embargo, es monocromo); agradecemos esta información a Leslie S. Clarke. De todas formas, todo parece indicar que esta edición bicolor, con sus dos impresiones, y la negra, con sus cuatro, reflejan una serie de vicisitudes tipográficas y no graves problemas textuales que alteren substancialmente nuestros sonetos.

Sobre la puntuación y la ortografía diremos que hemos modernizado la una y regularizado la otra hasta donde es lingüísticamente posible. En lo que toca a las mayúsculas, de las que Pando y Apontes abusan, hemos seguido nuestros criterios personales; el capítulo de las mayúsculas, por cierto, necesita una revisión en nuestras gramáticas.

Después de cada soneto damos el título de la obra en que se puede leer, así como la referencia a las ediciones de Hartzenbusch o Valbuena Prat; no olvidemos que estas composiciones están en contextos dramáticos que a alguien le placerá consultar; tanto un editor como otro son los más accesibles (en el soneto LXI, sin embargo, se da la referencia a Pando porque Valbuena no incluyó esta obra).

Inscribimos a pie de página, asimismo, la fecha de la pieza dramática para evitar que el lector tenga que revolver páginas. En algunos casos, escribimos el título del soneto entre corchetes; indica que es nuestro y vale para aclarar el tema de los versos o para identificar el personaje o personajes que recitan; se hace esto sólo cuando es imprescindible, pues no lo hemos creído necesario en los demás casos. Si no va entre corchetes, el título pertenece a Calderón.

Unas palabras sobre las variantes. Aunque hemos partido de Vera y Pando, no quiere decir que su antigüedad les conceda patente de infalibilidad; Hartzenbusch y Valbuena Prat los mejoran a veces, aunque también lo contrario es cierto; de todas formas, en la mayoría de los casos no difieren. Observaremos también que, por lo menos en lo que atañe a nuestros sonetos, las ediciones originales de las *Partes* arrojan muy poca luz; menos la arrojan los *Laureles* y sus congéneres. En contados casos, en fin, alguna variante a pie de página puede ser tan aceptable como la lección del texto, pero había que decidirse por una de ellas (p. e., sonetos XIX, v. 8; **XXXI**, v. 8; LXVII, v. 10).

LOS SONETOS

I

Cuando de mi atrevido pensamiento,
Jacinta, los rigores imagino,
menos me atrevo y más me determino;
que sobra amor y falta atrevimiento.

Desconocido a tu beldad, intento
tirano pago a tu valor divino,
y animándole, apenas imagino,
verdugo de mi infancia, el sentimiento.

Olvido ingrato, agradecido adoro,
aborrezco cobarde, amo atrevido,
llamo y huyo, quiero y no deseo,

canto mis penas y mis glorias lloro:
¿qué mucho *viva o muera* arrepentido,
si he de perder la vida o el deseo?

La selva confusa. George T. Northup, "*La Selva confusa* de Don Pedro Calderón de la Barca", *Revue Hispanique* 21 (1909), 295.

1623: S-V

v. 13: muera o viva (*Obras de Lope de Vega. Nueva edición*, IX, 381).

II

[Jasón y Medea]

JA. Medea, yo he de ser contigo Isaac.
    Tu bendición te da Melquisedec.
ME. Pobre y humilde soy; seré Lamec
    si hasta ahora fui rayo, fui Barac.

JA. Un gigante es mi amor, es un Enoc.
ME. Y yo te llamaré Imihén Lidec.
JA. Bien dices, porque soy Abimelec.
ME. Pedazos haré al ídolo Barac.

JA. Tiemble Idumea ya, tiemble Moloc.
ME. Medea no he de ser, ya soy Naín.
JA. Sí, porque justo soy, y soy Sadoc.

ME. Dale tu diestra, pues, a Benjamín.
JA. A ti se ha dedicado como Enoc.
ME. Salve, sagrado Abel.

                        JA. Salve, Efraín.

El divino Jasón. Valbuena, 70.

Este texto, según afirma su editor, A. Valbuena Prat, de quien lo tomamos, proviene de *Navidad y Corpus Christi festejados por los mejores ingenios de España* (Madrid, 1664).

Anterior a 1630: VP

III

Estas, que fueron *pompa* y alegría
despertando *al* albor de la mañana,
a la tarde serán lástima vana
durmiendo en brazos de la noche fría.

Este matiz, que al cielo desafía,
iris listado de oro, nieve y grana,
será escarmiento de la vida humana;
¡tanto *se emprende* en término de un día!

A florecer las rosas madrugaron,
y para envejecerse florecieron:
cuna y sepulcro *en* un botón hallaron.

Tales los hombres sus fortunas vieron;
en un día nacieron y expiraron
que, pasados los siglos, horas fueron.

El príncipe constante. VII, 254.

Mira de Amescua, en su obra *Galán, valiente y discreto* (B.A.E., XLV, 32) reproduce este soneto con las siguientes variantes: v. 1: flores que fueron pompa y alegría; v. 4: muriendo a manos de la noche fría; v. 5: aquel carmín que al cielo desafía; v. 8: tanto comprehende el término de un día.

1629: C

v. 1: pompas (QCL, VS, Varias 1649).
v. 2: el (QCL, VS, Varias 1649).
v. 8: emprende (QCL, VSL, Vera I); le emprende (VS, Varias 1649); se aprende (Hartzenbusch).
v. 11: de (Astrana).

IV

Esos rasgos de luz, esas centellas
que cobran con amagos superiores
alimentos del sol en resplandores,
aquello viven que se *duele* de ellas.

Flores nocturnas son; aunque tan bellas,
efímeras padecen sus ardores,
pues si un día es el siglo de las flores,
una noche es la edad de las estrellas.

De esa, pues, primavera fugitiva
ya nuestro mal, ya nuestro bien se infiere:
registro es nuestro, o muera el sol o viva.

¿Qué duración habrá que el hombre espere,
o qué mudanza habrá que no reciba
de astro que cada noche nace y muere?

El príncipe constante. VII, 255.

1629: C

v. 4: duelen (QCL, VS, Vera I, Varias 1649, Astrana); due en (VSL).

V

Bella Beatriz, mi fe es tan verdadera,
mi amor tan firme, mi *afición* tan rara,
que, aunque yo *no* quererte deseara,
contra mi mismo afecto te quisiera.

Estímate mi vida de manera
que, a poder olvidarte, te olvidara,
porque después por elección te amara:
fuera gusto mi amor, y no ley fuera.

Quien quiere a una mujer porque no puede
olvidalla, no obliga con querella,
pues nada el albedrío *le* concede.

Yo no puedo olvidarte, Beatriz bella,
y siento el ver que tan ufana quede
con la *victoria* de tu amor mi estrella.

La dama duende. VII, 179.

1629: C

v. 2: aficcion (Varios autores).
v. 3: 'no' suprimido (Doze 1647).
v. 11: la (QCL, VS, Doze 1647).
v. 14: vitoria (Doze 1647).

VI

Si la elección se debe al albedrío,
y la fuerza al impulso de una estrella,
voluntad más segura será aquella
que no *viva* sujeta *a un desvarío*.

Y así de tus finezas desconfío,
pues mi fe, que imposibles atropella,
si viera a mi albedrío andar sin ella,
negara, ¡vive el Cielo!, que era mío.

Pues aquel breve instante que gastara
en olvidar, para volver a amarte,
sintiera que mi afecto me faltara.

Y huélgome de ver que no soy parte
para olvidarte, *pues que* no te amara
el rato que tratara de olvidarte.

La dama duende. VII, 179.

1629: C

v. 4: vive (Doze 1647, Vera I, Hartzenbusch).
v. 4: al albedrío (Doze 1647).
v. 13: porque (Doze 1647).

VII

De contrarios *efectos* esta llama,
de contraria razón esta centella
de celos, nace en una causa bella,
o bien porque es amada o porque ama.

Ni ser amada, pues, ni amar la dama
consiente amor, tasándole su estrella;
mas entre ser amada o amar ella,
lo uno disgusta, pero lo otro infama.

Luego si ya de Astolfo ser querida
no puede Julia, y yo en su llanto advierto
que ella puede quererle sin la vida,

de los dos daños el mayor es cierto.
Y pues Julia *de un muerto* no se olvida,
bien puedo yo tener celos de un muerto.

El galán fantasma. VII, 298.

1630: C

v. 1: efetos (QC, S, Doze 1647); afectos (Vera II, Hartzenbusch).
v. 13: un momento (Doze 1647).

VIII

Era mi pecho una montaña fría,
a quien de nieve el tiempo coronaba,
mientras el corazón alimentaba
las cenizas del fuego que *tenía*.

Un rayo hermoso, escándalo del día,
la mina penetró que oculta estaba:
el fuego, ardiendo con la nieve, helaba;
la nieve, helando entre la llama, ardía.

Etna, pues, de mi amor y mis enojos,
volaron antes mis cenizas; luego,
ardiendo el pecho, hizo llorar los ojos.

¿Pues cómo, vivo monte o volcán ciego,
si eres fuego, das agua por *despojos?*
Mas lágrimas de amor también son fuego.

La banda y la flor. IX, 154.

1632: C

v. 4: temía (Varias 1649).
v. 13: despejos (Varias 1649).

IX

Si Clori que quisiese me dijera
a Enrique, porque a ella la olvidara,
los desengaños de su amor llorara
y los desaires de mi amor sintiera.

Pero si *Clori* divertir espera
tan rara fe con invención tan rara,
mal hiciera si al daño me fiïara,
mal pensara si al riesgo me creyera.

Y pues el blanco donde Clori tira
dice el verde favor de aquella rosa,
que a hurto cogió y a posesión aspira,

no me tengan sus celos temerosa;
que en quien dijo una vez una mentira,
la verdad queda siempre sospechosa.

La banda y la flor. IX, 161.
1632: C

v. 5: el que (Varias 1649).

X

Bellísima deidad, que repetida
de uno y otro matiz vives pintada;
bellísima deidad, que iluminada
de un *rayo* y otro, animas colorida,

¿cómo estando en la lámina sin vida
dejas la vida a tu beldad postrada?,
¿cómo estando en el bronce inanimada
dejas el alma a tu beldad rendida?

Si nació con estrella tan segura
tu dueño, y él no más es señor de ella,
el influjo que debe a luz tan pura

vuelve a su original, ¡oh copia bella!;
que es mucha vanidad de una hermosura
querer estar pintada con su estrella.

El veneno y la triaca. Valbuena, 184.

Se repite en *La exaltación de la Cruz,* de 1648 (IX, 358), con una sola variante: v. 4: rasgo. Hemos visto una suelta de Sevilla, Joseph Padrino, s. a., y otra de Barcelona, Francisco Suriá, 1771, sin advertir variantes. Véase a continuación el mismo soneto según aparece en *La señora y la criada.*

1634: C

Xb

Bellísima deidad, que repetida
de uno y otro matiz, vives pintada;
bellísima deidad, que iluminada
de un *rasgo* y otro, animas colorida,

¿cómo, *di, en esa* lámina sin vida
tienes mi vida a tu beldad postrada?,
¿cómo, *di, en ese* bronce inanimada
tienes el alma a tu *poder* rendida?

Si nació con estrella tan segura
tu dueño, y él no más es señor de ella,
el influjo que debe a luz *más* pura

vuelve a *tu* original, ¡oh copia bella!;
que es mucha vanidad de una hermosura
querer estar pintada con su estrella.

La señora y la criada. IX, 33.

Este texto, a su vez, presenta dos variantes en Primavera 1679: v. 4: rayo; v. 11: devi a la luz.

1635: S-V

XI

Jeroglífico hermoso, en quien se vierte
una copia de fruta guarnecida,
una cruz bella en púrpura teñida
y un cadáver postrado a su error fuerte;

un pan, que en carne viva se convierte;
un vino, que ya es sangre su bebida:
hazme antídoto docto de mi vida
el veneno ignorante de mi muerte.

Tendré, si el árbol fruto da divino,
si la cruz rojo humor corre sangriento,
si el cadáver recibo peregrino,

si pasman vino y pan mi entendimiento,
en fruta, cruz, cadáver, pan y vino,
salud, consuelo, vida y sacramento.

El veneno y la triaca. Valbuena, 196.
1634: C

XII

[El rey]

Viendo estoy mis imperios dilatados,
mi majestad, mi gloria, mi grandeza,
en cuya variedad naturaleza
perficionó de espacio *sus* cuidados.

Alcázares poseo levantados,
mi vasalla ha nacido la belleza,
la humildad de unos, de otros la riqueza
triunfo son al arbitrio de los hados.

Para regir tan desigual, tan fuerte
monstruo de muchos cuellos, me concedan
los cielos atenciones más felices.

Ciencia me den con que a regir acierte,
que es imposible que domarse puedan
con un yugo no más tantas cervices.

El gran teatro del mundo. Valbuena, 214.

¿1633-35?: VP

v. 4: mis (Valbuena).

XIII

[La Hermosura]

Viendo estoy mi beldad hermosa y pura;
ni al rey envidio ni sus triunfos quiero,
pues más ilustre imperio considero,
que es el que mi belleza me asegura.

Porque si el rey avasallar procura
las vidas, yo las almas; luego infiero
con causa que mi imperio es el primero,
pues que reina en las almas la hermosura.

'Pequeño mundo' la filosofía
llamó al hombre; si en él mi imperio fundo,
como el cielo lo tiene, como el suelo;

bien puede presumir la deidad mía,
que el que al hombre llamó 'pequeño mundo',
llamará a la mujer 'pequeño cielo'.

El gran teatro del mundo. Valbuena, 215.
¿1633-35?: VP

XIV

*[Lísidas a Circe después de haber
sido transformado en árbol]*

Torpe el discurso, atado el pensamiento,
la razón ciega, el ánimo oprimido,
sin uso el alma, el corazón rendido,
muda la voz y tímido el aliento,

sin voluntad, memoria, entendimiento,
vivo cadáver de este tronco he sido.
Ya, pues, que me quitabas el sentido,
quitárasme también el sentimiento.

Si de amar, ¡ay de mí!, a *Flérida* bella,
castigo fue esta forma, en vano quieres
que yo me olvide, porque vivo en ella.

Los troncos aman; luego mal infieres
que, por ser tronco, venceré mi estrella,
pues no la vences tú, y más sabia eres.

El mayor encanto, amor. VII, 395.

1635: C

v. 9: Florida (Q, S).

XV

*[Flérida, sobre
lo mismo]*

    Racional, vegetable y sensitiva
alma el cielo le dio al sujeto humano;
vegetable y sensible al bruto ufano;
al tronco y a la flor, vegetativa.

    Tres almas son. Si de las dos me priva
tu voz, porque amo a Lísidas, en vano
solicitas mi olvido, pues es llano
que, *aún* tronco, alma me dejas con que viva.

    No de todo mi amor tendrá la palma
la parte en que has querido conservarme;
de aquélla sí, que permitió esta calma.

    Luego mudarme en tronco no es mudarme,
porque si no me quitas toda el alma,
todo el amor no has de poder quitarme.

El mayor encanto, amor. VII, 395.

1635: C

v. 8: a un (QC, Q, S).

XVI

[Ulises a Circe]

Vengativa deidad, deidad ingrata,
que a la de Juno y Júpiter se atreve,
huésped de esa república de nieve,
vecino de ese piélago de plata,

tantos años la patria me dilata,
y tantos contra mí peligros mueve,
que, porque fuese mi vivir más breve,
a tus umbrales derrotarme trata.

A ellos llegué, seguro y defendido
de escándalo, de horror, de asombro tanto
como has en tierra y mar introducido.

Tus encantos vencí, mas no tu llanto:
pudo el amor lo que ellos no han podido;
luego el amor es el mayor encanto.

El mayor encanto, amor. VII, 405.
1635: C

XVII

[Circe a Ulises]

Vengativa y crüel, porque te asombres,
a pesar de deidades *lisonjeras,*
reina de esta república de fieras,
señora de este piélago de hombres,

viví. Y porque más bárbara me nombres,
ninguno abortó el mar a estas riberas
que a mi sangrienta mágica no vieras
trocar las formas y mudar los nombres.

Llegaste tú, y queriendo tu homicida
ser, burlaste mis ciencias: con espanto,
queriéndote vencer, quedé vencida.

Sí, mi encanto al mirar asombro tanto
al encanto de amor rindió mi vida;
luego el amor es el mayor encanto.

El mayor encanto, amor. VII, 405.

1635: C

v. 2: y de fieras (QC, Q, S).

XVIII

[A un reloj]

Basilisco del tiempo, tú que doras
con la tez hoy del oro y los diamantes
el veneno que a todos por instantes
da la muerte, que a todos das por horas,

¿cómo el punto que muestras ése ignoras,
pues no abrevias aquél en que inconstantes
influyen su rigor astros amantes?
Pero cuéntaslos tú, no los mejoras.

Si la casa de Venus terminada
quieres saber, ¡oh sabia astrología!,
yo en un reloj la tengo señalada.

Tu astrolabio será la suerte mía;
mira en mí, y el de un alma enamorada,
el minuto, el instante, la hora, el día.

La señora y la criada. IX, 33.

1635: S-V

XIX

Cuando la fama en lenguas dilatada
vuestra rara hermosura encarecía,
por fe os amaba yo, por fe os tenía,
Leonor, dentro del alma idolatrada.

Cuando os mira, suspensa y elevada,
el alma que os amaba y os quería,
culpa la imagen de su fantasía,
que sois vista *mayor* que imaginada.

Vos *sola* a vos podéis acreditaros.
¡Dichoso aquel que llega a mereceros,
y más dichoso si acertó a estimaros!

Mas ¿cómo ha de olvidaros ni ofenderos?
Que quien antes de veros pudo amaros,
mal os podrá olvidar después de veros.

A secreto agravio, secreta venganza. VII, 599.

1635: S-V

v. 8: mejor (Q, S).
v. 9: solo (Varios autores).

XX

Yo me firmé rendida antes que os viese,
y vivo y muerto sólo en vos estaba,
porque sola una sombra vuestra amaba;
pero bastó que sombra vuestra fuese.

¡Dichosa yo mil veces si pudiese
amaros como el alma imaginaba!
Que la deuda común así pagaba
la vida, cuando humilde *me* rindiese.

Disculpa tengo, cuando *temeroso*
y cobarde mi amor, *llego* a miraros,
si no pago *un* amor tan generoso.

De vos, y no de mí, podéis quejaros,
pues, aunque yo os estime como *a* esposo,
es imposible, como sois, amaros.

A secreto agravio, secreta venganza. VII, 599.

1635: S-V

v. 8: se (Astrana, que transcribe la copia original).
v. 9: temerosa (QC, Q, S, Vera II, Varios autores).
v. 10: llega (Q, S, Vera II, Varios autores).
v. 11: a un (S).
v. 13: 'a' se omite (S).

XXI

Leonor, si yo pudiera obedecerte,
y pudiera olvidar, vivir pudiera:
fuera contigo liberal, si fuera
bastante yo conmigo a no quererte.

Mi muerte injusta tu rigor me advierte,
si mi vida en amarte persevera.
¡Pluguiera a Dios! y de una vez muriera
quien de tantas no acierta con su muerte.

¿Que te olvide pretendes? ¿Cómo *puedo
despreciado* olvidar y aborrecido?
¿No ha de quejarse del dolor el labio?

Quiéreme tú; que si obligado quedo,
yo olvidaré después, favorecido;
que el bien puede olvidarse, no el agravio.

A secreto agravio, secreta venganza. VII, 602.

1635: S-V

v. 9: puede (Varios autores).
v. 10: despreciando (Q).

XXII

Cinta verde, que en término *sucinta*,
sucinta pudo hacerte aquel Dios tinto
en sangre, que gobierna el globo quinto,
para que Venus estuviese en cinta.

La primavera tus colores pinta,
por quien yo traigo en este laberinto,
tamaño como pasa de Corinto,
el corazón, más negro que la tinta.

Hoy tu esperanza a mi temor se junte,
porque en su verde y *amarillo* tinte
amor flemas y cóleras barrunte;

que como a mí de su color me pinte,
no podrá hacer, aunque en arpón me apunte,
que mi esperanza no se *encaraminte*.

A secreto agravio, secreta venganza. VII, 608.

1635: S-V

v. 1: su cinta (Varios autores).
v. 2: su cinta (Hartzenbusch).
v. 10: su amarillo (QC, S).
v. 14: escaraminte (Astrana).

XXIII

Aquí, Señor inmenso y soberano,
tus iras, tus venganzas, tus castigos
rompan los escuadrones enemigos
de una ignorancia, de un error profano.

No piadoso procedas, pues en vano
a tus contrarios tratas como amigos,
y ya que a tu poder buscan testigos,
rayos esgrima tu sangrienta mano.

Rigores te pidió el celo de Elías,
y la fe de Moisés pidió portentos;
y aunque suyas no son las voces mías,

penetrarán el cielo sus acentos
pidiéndote, Señor, noches y días,
portentos y rigores, porque atentos
a glorias y tormentos,
por sombras, por figuras sea notorio
al mundo, cielo, infierno y purgatorio.

El purgatorio de San Patricio. VII, 159.
¿1628? ¿1635?

v. 15: y a tormentos (VSL, VS).

XXIV

Enviándole un papel a su dama con un retrato

Cuando sutil pincel me repetía,
yo en vos, hermoso dueño, imaginaba,
y tanto en vos mi amor me transformaba,
que en vos el alma más que en mí vivía.

Y así, cuando volver quiso a la mía,
ya en dos mitades dividida estaba,
y ella entre dos semblantes ignoraba
a cuál de aquellos dos asistiría.

Así el retrato, a quien el alma muestro
partiéndole mi amante desvarío,
por parecerse mío, va a ser vuestro,

y por ser vuestro, ya parece mío;
porque el pincel le iluminó tan diestro,
que retrató también el albedrío.

Bien vengas, mal. XIV, 314.
1635: S-V

XXV

Apenas el invierno helado y cano
este monte con nieblas desvanece,
cuando la primavera le florece,
y el que helado se vio, se mira ufano.

Pasa la primavera, y el verano
los desprecios del sol sufre y padece;
llega alegre el otoño y enriquece
el monte de verdor, de fruta el llano.

Todo vive sujeto a la mudanza.
De un día y otro día los engaños
cumplen un año, y éste al otro alcanza.

Con esperanza *sufre* desengaños
un monte; que a faltarle la esperanza,
ya se rindiera al peso de los años.

Los tres mayores prodigios. VII, 284.

Véase a continuación la versión de este soneto según aparece en *Eco y Narciso*.

1636: C

v. 12: sufren (QC, Q, S).

XXVb

Apenas el invierno helado y cano
este monte *de nieves encanece,*
cuando la primavera le florece,
y el que helado se vio, se mira ufano.

Pasa la primavera, y el verano
los *rigores* del sol sufre y padece;
llega *el fértil* otoño y enriquece
el monte de verdor, de fruta el llano.

Todo vive sujeto a la mudanza.
De un día y otro día los engaños
cumplen un año, y éste al otro alcanza.

Con esperanza sufre desengaños
un monte; que a faltarle la esperanza,
ya se rindiera al peso de los años.

Eco y Narciso. IX, 583.

Este texto, a su vez, ofrece las siguientes variantes, casi todas evidentemente erratas, en FB y BH: v. 2: con (FB); v. 8: verdores ('de' suprimido) (FB, BH); v. 10: día a los (FB, BH); v. 14: vendiera (FB).

1661: C

XXVI

¿Ves el monte que dices, o el Atlante,
que, atalaya del sol, al sol se atreve,
dando batalla en derretida nieve
al mar, que espera menos arrogante?

Pues ya sobre las nubes se levante,
o ya se atreva al que sus ondas bebe,
comparado al honor que a mí me mueve,
menos firme será, menos constante.

La cuenta de las horas y los días,
de semanas y meses los engaños,
de *los* años y siglos las porfías,

no te han de mejorar de desengaños;
porque no han de vencer las ansias mías
horas, días, semanas, meses y años.

Los tres mayores prodigios. VII, 284.

1636: C

v. 11: dos (QC, Q, S).

XXVII

El cadáver del hombre cosa es, cierto,
que no es hombre; que aquel grande renombre
se debe al alma. Luego si no es hombre
el que sin alma yace helado y yerto,

y yo sin alma vivo cuando advierto
una rara hermosura, no os asombre
el no ser lo que fui, pues de hombre el nombre
no le *puedo* tener después de muerto.

Al veros os di el alma en que vivía,
al oíros otra alma he recibido;
luego soy otro ya del que solía.

Porque si al alma el ser hemos debido,
y yo no tengo el alma que tenía,
es preciso ser otro del que he sido.

Mañana será otro día. VII, 532.
1636: C

v. 8: pudo (Nuevas 1651).

XXVIII

Que el alma informa al hombre es asentado,
mas cuando a oír vuestro argumento llego,
estaros obligada es lo que niego,
pues me habéis con lisonjas agraviado.

Porque yo si de un alma os he privado,
y de otra nueva os he informado luego,
no hacéis mucho en pintaros de amor ciego,
si me amáis con el alma que os he dado.

¿No fuera mayor fe, mayor fineza,
ser el que érades antes al mirarme?
Debiéraos ese afecto mi belleza.

Sí, porque es ofenderme, y no obligarme,
el haber de mudar naturaleza
y no ser lo que *fuisteis* para amarme.

Mañana será otro día. VII, 532.

1636: C

v. 14: fuistis (Nuevas 1651).

XXIX

¿No miras ese monte, oh nuevo Atlante,
que, coluna del sol, al sol se atreve,
dando batalla en derretida nieve
al mar, que espera aún menos arrogante?

Pues ya sobre las nubes se levante,
o ya se atreva al que sus ondas bebe,
comparado *al* amor que el alma debe,
menos firme será, menos constante.

Haré leyes de amor para obligarte,
preceptos buscaré de obedecerte,
los dioses negaré por adorarte.

Y si el alma inmortal puedo ofrecerte
después de *muerta,* el alma he de entregarte,
porque *muerta* aún no deje de quererte.

Argenis y Poliarco. VII, 453.

1637: H

v. 7: el (QC, Q, S, Vera II).
v. 13: muerto (Hartzenbusch).
v. 14: muerto (Hartzenbusch).

XXX

¿Porque *muerta* aún no dejes de quererme,
después de *muerta* el alma has de entregarme?
Pudiera, Argenis, de tu amor quejarme
y de mis esperanzas ofenderme.

Pues si el alma inmortal has de ofrecerme,
no me das lo que *dices* que has de darme;
luego poder el alma reservarme
para otro tiempo, *ahora* no es quererme.

Yo no sólo te doy el alma, pero
antes que el cielo nuestras almas bellas
formase, te la di, pues considero

que entonces se quisieron las estrellas.
Y *así* antes y después mi amor espero
que ha de durar lo que duraren ellas.

Argenis y Poliarco. VII, 453.

1637: H

v. 1: muerto (Hartzenbusch).
v. 2: muerto (Hartzenbusch).
v. 6: dezes (Q).
v. 8: agora (QC, S).
v. 13: ansí (Q, S).

XXXI

Si el instrumento de mis labios templo
para *cantaros,* Virgen *especiosa,*
obra de Dios tan única y dichosa,
que sola vos de vos sois vivo ejemplo,

enmudece la voz porque os contemplo
la madre de Dios Hijo, la hija hermosa
del Padre, del Espíritu la esposa,
y de los tres *sagrario,* claustro y templo.

Toda la trinidad os perficiona,
tanto que si en los tres caber pudiera
persona cuarta, universal persona,

vuestra deidad cuarta persona fuera.
Mas si no os pudo hacer cuarta persona,
después de Dios os hizo la primera.

Origen, pérdida y restauración de la Virgen del Sagrario. VII, 333.
1637: H

v. 2: cantáos (Q); espaciosa (Q).
v. 8: erario (QC, Q, S).

XXXII

La muerte y el amor una lid dura
tuvieron sobre cuál era más fuerte,
viendo que a sus arpones de una suerte
ni el alma ni la vida sea segura.

Una hermosura, amor, divina y pura,
perficionó, donde su triunfo advierte,
pero borrando *su esplendor* la muerte,
se vengó del amor y la hermosura.

Viéndose amor entonces excedido,
la deidad de una lámina apercibe,
a quien borrar la muerte no ha podido.

Luego bien el laurel amor recibe,
pues de quien vive y muere dueño ha sido,
y la muerte lo es sólo de quien vive.

El mayor monstro los çelos. Ed. de Everett W. Hesse, Madison, 1955, pág. 61. (VII, 485).

1637: C

- v. 4: vida mi libertad vivió (QC, Q, S); vida ni libertad vivió (Vera II, Hartzenbusch).
- v. 6: perfección (QC, Q, S).
- v. 7: tanto sol (QC, Q, S, Vera II, Hartzenbusch).
- v. 8: triunfó así (QC, Q, S, Vera II, Hartzenbusch).

XXXIII

Pues si los celos difinir hubiera,
en un camaleón los retratara,
que del aire no más se alimentara
y a cada luz nuevo color tuviera.

Ojos de basilisco le pusiera,
que con ser visto o ver, siempre matara;
pies de topo, que en todo tropezara,
y alas de halcón, que todo lo *cogiera*.

De la sirena le añadiera el canto,
del áspid las cautelas, los desvelos
del lince, y de la hiena, en fin, el llanto.

Mas ¿dónde vas? Parad, parad, recelos,
no formeis un compuesto de horror tanto
que el mayor monstruo hayan de ser los celos.

El mayor monstro los çelos. Ed. de Everett W. Hesse, Madison, 1955, pág. 125.

1637: C

v. 8: corriera (F. Ruiz Ramón, *Pedro Calderón de la Barca. Tragedias. 1* (Madrid, Alianza Editorial, 1967). Ruiz Ramón reproduce el Ms. de la Biblioteca Nacional que utilizó Hesse.

XXXIV

[*A un árbol a cuyo pie se enterró la Naturaleza
y se ha convertido en cruz*]

   Iris que asoma entre eclipsados velos,
carácter a dos líneas reducido,
eclíptica de un sol, que ha discurrido
dos rumbos de carmín, dos paralelos.

   Llave de los candados de los cielos,
prodigio que serpiente y vara ha sido,
palo que en el Jordán se vio temido,
volviendo en sangre cristalinos hielos.

   Sobre el cadáver hoy y sepultura,
tu lugar ¡oh qué bien se determina!
¡Lávese el Hombre en la corriente pura

   que destila este lago, esta piscina,
pues juntas cruz y muerte, Dios procura
que estén juntos enfermo y medicina!

El gran duque de Gandía (auto). Valbuena, 110.
¿1639?: VP

XXXV

Pretendo del favor darme a partido,
y de los hielos del desdén templarme,
y por más que de amor pruebo a acordarme,
sólo hay memoria en mí para el olvido.

Siento la ingratitud, y sin sentido
me veo a los desprecios *inclinarme;*
quiero perder la tema de obstinarme,
y lo que quiero hallar es lo perdido.

¿Qué mucho, si agasajos y rigores
juegan con la esperanza, *y conformarse
no* es propio en ellos, o es peligro en ella,

que tan marchita flor den los favores,
si el aire con que viene a marchitarse
es el *mismo* que quiere *florecella?*

Enfermar con el remedio. XIV, 434.

1644: H

v. 6: indignarme (Laurel 1653).
v. 10: llegaron la esperanza a confirmarme (Laurel 1653).
v. 11: ni (Laurel 1653).
v. 12: pues malograda el fruto en (Laurel 1653).
v. 14: mío; florecerla (Laurel 1653).

XXXVI

Con poco norte incierto mar navego,
en cuyo golfo *incierto* como extraño,
aunque me ofrece tabla el desengaño,
menos veces escapo que me anego.

Una luz sigo, muchas veces ciego,
al timón arrimado de un engaño,
y si a mi sentimiento apela el daño,
donde agua busca *el llanto, encuentro* fuego.

De todo el sol un rayo aún no me alcanza,
la suerte a tempestades me importuna,
y a las ondas me entrega sin piloto.

¡Y aún no *quiere* librarme la bonanza!
Mas ¿*qué* bonanza espera en la fortuna
quien *surca* mar sin puerto en leño roto?

Enfermar con el remedio. XIV, 435.

1644: H

v. 2: cuyo golfo inquieto (Laurel 1653).
v. 4: en menos veces me escapo y anego (Laurel 1653).
v. 8: en tanto encuentra (Laurel 1653).
v. 12: quiera (Laurel 1653).
v. 13: que la (Laurel 1653).
v. 14: sucar (Laurel 1653).

XXXVII

Viendo el cabello, a quien la noche puso
en libertad, *cuán* suelto discurría,
con las nuevas *pregmáticas* del día
a reducirle Cintia se dispuso.

Poco debió al cuidado, poco al uso,
de vulgo tal la hermosa monarquía,
pues no le dio más lustre que tenía
después lo dócil que antes lo confuso.

La blanca tez a quien la nieve pura
ya matizó de nácar al aurora,
de ningún artificio se asegura.

Y pues nada el aliño la mejora,
aquella solamente es hermosura
que amanece hermosura a cualquier hora.

Antes que todo es mi dama. XII, 550.

1648: C

v. 2: cuál (Vera VIII).
v. 3: pragmáticas (Hartzenbusch); premáticas (Escogidas 1662).

XXXVIII

¿Ves esa rosa que tan bella y pura
amaneció a ser reina de las flores?
Pues aunque armó de espinas sus colores,
defendida vivió, mas no segura.

A tu deidad enigma sea no oscura,
dejándose vencer, porque no ignores
que aunque *armes* tu hermosura de rigores,
no *armarás* de imposibles tu hermosura.

Si esa rosa gozarse no dejara,
en el botón donde nació muriera
y en él pompa y *fragrancia* malograra.

Rinde, pues, tu hermosura, y considera
cuánto fuera rigor que se ignorara
la edad de tu florida primavera.

Antes que todo es mi dama. XII, 551.

1648: C

v. 7: armas (Escogidas 1662).
v. 8: no has de armar (Escogidas 1662).
v. 11: fragancia (Hartzenbusch).

XXXIX

¿Qué género de ardor es el que llego
hoy a sentir, que más parece encanto,
pues luciendo tan poco, abrasa tanto,
y abrasando tan mudo, arde tan ciego?

¿Qué género de llanto es *sin sosiego*
éste, que a tanto incendio no da espanto,
pues al fuego apagar no puede el llanto,
ni al llanto puede consumir el fuego?

Donde materia no hay, no se da llama.
Mas ¡ay! que sin materia en el abismo
una y otra *aprehensión* es quien la inflama.

Luego cierto será este silogismo:
si fuego de *aprehensión* tiene quien ama,
amor y infierno todo es uno mismo.

Antes que todo es mi dama. XII, 552.

1648: C

v. 5: si sossiego (Escogidas 1662).
v. 11: aprensión (Hartzenbusch).
v. 13: aprensión (Hartzenbusch).

XL

[David a Abigail]

¿Quién eres, ¡oh mujer!, que aunque rendida
al parecer, al parecer postrada,
no estás sino en los cielos ensalzada,
no estás sino en la tierra preferida?

Pero ¿qué mucho, si del sol vestida,
qué mucho, si de estrellas coronada,
vienes de tantas luces ilustrada,
vienes de tantos rayos guarnecida?

Cielo y tierra parece que a primores
se compitieron con igual desvelo,
mezcladas sus estrellas y sus flores,

para que en ti tuviesen tierra y cielo,
con no sé qué lejanos resplandores,
la flor del sol plantada en el Carmelo.

La primer Flor del Carmelo. Valbuena, 650.
¿1648?: P

v. 14: de (Valbuena).

XLI

Bella Micol, dulcísima Raquel,
queden al ver tu perfección sin fin
pasmados desde el hombre al querubín:
éste en tu gracia; en tu esperanza, aquél.

Alba en nubes de nácar y clavel
llueva sobre *tu* cuello de jazmín
purpúreas rosas del mejor jardín,
cándidos lirios del mejor vergel.

Tanta es tu gracia, tanta es tu virtud,
divina Ester, que a cuantos hoy estén
condenados a muerte das favor;

y tus espigas, generosa Ruth,
cogerán en la casa de Belén
pan de ángeles, pan vivo y pan de flor.

Llamados y escogidos. Valbuena, 457.
¿1648-49?: VP

v. 6: su (Valbuena).

XLII

Amoroso Jacob, fuerte David,
de quien soy la Raquel y la Micol,
si de tu amor las sombras son crisol,
si de tu fuerza examen es la lid,

de la alta palma hasta la humilde vid
tejan de tu guirnalda el arrebol,
y absorto en medio de su curso el sol,
la esmalte con los rayos del cenit.

Por mí, gallardo Asuero, en libertad
pones al pueblo, ¡oh venturosa Ester!,
la que fineza igual debe a tu amor,

y aún otra espero más de tu piedad,
pues Ruth, de tus espigas he de ver
pan de ángeles, pan vivo y pan de flor.

Llamados y escogidos. Valbuena, 457.

¿1648-49?: VP

XLIII

¡Oh tú, antorcha, que en esa breve, en esa
tibia llama contienes sombras sumas,
no por hermosa de inmortal presumas,
pues puedes antes ser que luz, pavesa!

Si no ardes, mueres, pues tu lumbre cesa;
si ardes, también, pues fuerza es te consumas;
luego ardiendo o no ardiendo, siempre ahúmas
las lóbregas paredes de la huesa.

¡Qué luciente y qué bella te creía
cuando cabal no imaginé que pueda
deslucirte la edad del primer día!

¡Oh mortal! ¡Oh mortal! Deshaz la rueda,
pues *de vida* a merced de la agonía,
lo que te queda es lo que no te queda.

La segunda esposa y triunfar muriendo. Valbuena, 436.
1649: P

v. 13: debida (Pando, Apontes).

XLIV

¿Vivo o *muero*? Cierto es que si viviera,
este dolor sin duda *me* matara,
y si muriera, es consecuencia clara
que este dolor sin duda no sintiera.

Luego vivo a sentir mi pena fiera
y muero a no sentirla. ¡Oh, quién se hallara
tan afecto a los dioses que alcanzara
el querer y olvidar cuando él quisiera!

Privanza, honor, estado, rey y dama
perdí, y sólo ha llegado a consolarme
que aún *me* ha dejado que perder mi estrella.

¿Alma no tengo? Sí. Pues hoy la fama
condenado de amor podrá llamarme,
porque aún *el* alma he de perder por ella.

La hija del aire. Primera parte. XII, 40.

1653: S-V

v. 1: muerto (Vera III).
v. 2: 'me' suprimido (Vera III).
v. 11: 'me' suprimido (GM).
v. 14: 'el' suprimido (Vera III).

XLV

[Adán]

En alegre, en feliz, en dulce estado,
todo amor, todo paz, todo alegría
viví, teniendo a la obediencia mía
pez, ave y fiera, en mar, en viento y prado.

El pesar con las señas disfrazado
del contento llegó, tanto, que el día
aún no supo decirme si venía
de pesar o contento acompañado.

Yo entre los dos, ¡oh rigurosa suerte!,
equívoco juzgué, ¡necia disculpa!,
quise seguirle y vi que era mi muerte

la que seguía, y luego en un momento
llegó la noche y vi que era mi culpa:
tanto engaña el pesar, tanto el contento.

La siembra del Señor. Valbuena, 684.
Anterior a 1655: VP

XLVI

Si esta sangre por Dios hacer pudiera
que la herida a los ojos la pasara,
antes que la vertiera la llorara:
fuera elección y no violencia fuera.

Ni el interés del cielo me moviera,
ni del infierno el daño me obligara;
sólo por ser quien es la derramara,
cuando ni premio ni castigo hubiera.

Y si aquí infierno y cielo mi agonía
abiertos viera, cuya *pena* o cuya
gloria estuviera en mí, si prevenía

ser voluntad de Dios que me destruya,
al infierno me fuera por la mía
y no entrara en el cielo sin la suya.

Tu prójimo como a ti. Valbuena, 1437. (*Cf.* 1905).

¿1656?: P

Este auto posee dos copias; el soneto proviene de la segunda. La primera posee las siguientes variantes:

v. 10: gloria.
v. 11: pena.
v. 14: por no entrar.

XLVII

Dulce paz, dulce guerra que a porfía
en lid amiga, en amistad opuesta
conserváis esta fábrica, compuesta
en número de métrica armonía.

Feliz yo, a quien tu *albor* ofrece el día,
tu céfiro el halago de la *siesta,*
tu orilla el de la tarde, y tu floresta
el blando lecho de la noche fría.

Feliz, digo otra vez y otras mil veces,
quien tal paz, tal unión y tal belleza
posee fiel, mira alegre y goza ufana.

Mas ¡ay, discurso, que me desvaneces,
si no puedo, aunque soy naturaleza,
dejar de ser naturaleza humana!

La cura y la enfermedad. Valbuena, 738.

1647-57: P

v. 5: labor (Valbuena).
v. 6: fiesta (Valbuena).

XLVIII

[Abrahán e Isaac]

AB. Señor, este de fe y amor indicio.
Is. Este, Señor, de amor y fe traslado.
AB. Como amor ciego y como fe vendado.
Is. Como amor pronto y como fe propicio.

AB. Creyendo, aunque es dolor, que es beneficio.
Is. Y aunque rigor parezca, que es agrado.
AB. Os ofrezco en su púrpura bañado.
Is. A vos, por vos, os doy en sacrificio.

AB. Que cumpliréis vuestra palabra crea.
Is. Pues aunque en la esperanza haya mudanza.
AB. Vuestro amor no es posible que no sea.

Is. Premiad, pues, en los dos la confianza.
AB. Y vea mi fe.
        Is. Y mi obediencia vea.
Los dos. Creer contra la esperanza, a la esperanza.

Primero y segundo Isaac. Valbuena, 804.

1658: P

XLIX

*[El duque de Austria
y la Esposa]*

Duq. Exaltada deidad en quien se vio
madrugar el aurora, para que
floreciese la vara de Jesé
y brotase la flor de Jericó.

Esp. Amante esposo a quien el austro dio
el católico cetro de la fe,
porque desde la esfera de tu pie
llegase al solio de tus brazos yo.

Duq. Vengas feliz a mi ínclito dosel.
Esp. Feliz admite a quien te amó leal.
Duq. Donde contigo parta mi laurel.

Esp. Donde adore tu sol ave imperial.
Duq. Por especiosa, fina, firme y fiel.
Esp. Por bueno, justo, afable y liberal.

El maestrazgo del Toisón. Valbuena, 906.

1659: P

v.3: del (Pando). Nos comunica esta variante el profesor Wilson; en la ed. en negro utilizada por nosotros no la hay.

L

*Soneto que en metáfora de pan comprehende
el Verbo, nacido y sacramentado*

Ara la tierra el sembrador, y ella,
ya pedregosa, ya árida, ya extraña,
tal vez le vuelve espinas, tal cizaña,
y *tal* yerba viciosa da a su huella.

Pero tal vez también próvida aquella
que nació para honor de la campaña
al cándido rocío que la baña
fértil responde, agradecida y bella.

La semilla de Dios es su palabra,
y aunque en el hombre, ingrata *tierra* fría,
en vano arroje el grano, el surco abra,

no cuando a tierra virgen se le fía;
con que hoy la Iglesia pan de ángeles labra,
siendo la fe la troj, la *mies* María.

El sacro Parnaso. Valbuena, 792.

1659: P

v. 4: la (Valbuena).
v. 10: fiera (Valbuena).
v. 14: miel (Valbuena).

LI

Hermosas luces, en quien miro atento,
con rasgos y bosquejos desiguales,
el número infinito de mis males
y la esfera capaz de mi tormento,

¿cuál de *vosotras,* cuál desde su asiento
es la que *influye* en *mis* desdichas tales?,
¿cuál de vosotros, astros celestiales,
a su cargo tomó mi sufrimiento?

Tú me parece que serás, estrella,
la más pobre de luz, la más oscura;
óyeme tú, *pues* para ti prevengo...

Ya pensarás que digo una querella.
No es, sino un galardón, por la ventura
que no me has de quitar, pues no la tengo.

Mujer, llora y vencerás. XII, 594.

El mismo soneto aparece en *Sueños hay que verdad son,* que a continuación copiamos.

1660: C

v. 5: vosotros (Escogidas 1662).
v. 6: infunde (Escogidas 1662).
v. 6: mi (Varios autores).
v. 11: que (Escogidas 1662).

LIb

Hermosas luces, en quien miro atento,
con rasgos y bosquejos desiguales,
el número infinito de mis males
y la esfera capaz de mi tormento,

¿cuál de vosotras, cuál desde su asiento
es la que influye en mis desdichas tales?,
¿cuál de vosotros, astros celestiales,
a su cargo tomó mi sufrimiento?

Tú me parece que serás, ¡oh estrella!,
la más pobre de luz, la más oscura;
óyeme tú, *que* para ti prevengo...

Ya pensarás que digo una querella.
No, sino un galardón, por la ventura
que no me has de quitar, pues no la tengo.

Sueños hay que verdad son. Valbuena, 1219.

Este texto muestra las siguientes variantes en Pando y Apontes: v. 6: mí (Pando, Apontes); v. 7: desiguales (Apontes).

1670: P

LII

*[Melquisedec, sacerdote y rey,
sale al encuentro de Abrahán,
que vuelve victorioso]*

MEL. Venga en hora feliz el capitán
      del victorioso pueblo de Israel.
AB.   Esté en hora feliz rey, que laurel
      y sacerdocio igual adorno dan.

MEL. En sacrificio a Dios de vino y pan,
      por ti las gracias le consagro fiel.
AB.   Y yo le adoro, por pensar que a él
      con la fe ha de llegarse de Abrahán.

MEL. Admítele, oh divino Sabaóth
AB.   Acéptale, oh sagrado Adonaí.
MEL. De un padre rey, que esto es Abimelec.

AB.   Y contra infieles hijos de Behemoth.
MEL. Sacerdotes le ofrezcan de Leví.
AB.   Según el orden de Melquisedec.

Las espigas de Ruth. Valbuena, 1091.

1663: P

LIII

Este cárdeno lirio enamorado,
galán del blanco albor de esta azucena;
esta *purpúrea* rosa, que de ajena
sangre dio su matiz al encarnado;

este tierno jazmín, que no manchado,
ni el ábrego ni el cierzo le dio pena,
símbolos son de quien, de gracia llena,
ni aun en primer instante vio *el* pecado.

Pues si nunca abrigaron en su seno
estas flores al *áspid,* ¿qué osadía
pudo *juzgar* que donde, de horror lleno,

no introdujo Satán su tiranía,
pudiese introducir otro veneno
la suya en atributos de María?

El gran príncipe de Fez. IX, 353.

1669: C

v. 3: púrpura (BH).
v. 7: símbolo (Hartzenbusch).
v. 8: al (FB).
v. 10: áspide (Hartzenbusch).
v. 11: pensar (FB, BH).

LIV

Yo soñé que de un río a la ribera
siete vacas bellísimas salían,
y cuando de sus márgenes pacían
las esmeraldas de la primavera,

vi que otras siete de laudosa esfera,
tan flacas que esqueletos parecían,
saliendo contra ellas consumían
la lozanía de su edad primera.

Después vi siete fértiles espigas,
lágrima cada grano del rocío,
y otras siete que en áridas fatigas

sin *granarlas* abril taló el estío;
y lidiando unas y otras enemigas,
venció lo seco con *llevarlo* el río.

Sueños hay que verdad son. Valbuena, 1222.
1670: P

v. 12: ganarlas (Apontes).
v. 14: lloverlo (Apontes).

LV

Que el río jeroglífico haya sido
del tiempo, gran señor, prueba es bastante,
que siempre corre y siempre va delante,
sin que nunca haya atrás retrocedido.

Luego es el tiempo de quien ha nacido
en espigas y vacas lo abundante,
y es el tiempo también el que inconstante
todo lo deja a nada reducido.

Siete fértiles años imagina
en espigas y vacas, cuyo halago
en otros siete estériles termina;

y pues te avisa el golpe en el amago,
la abundancia prevén contra la ruina
y la felicidad contra el estrago.

Sueños hay que verdad son. Valbuena, 1222.

1670: P

LVI

Entre esperanza y miedo amor ordena
que lo que aquélla ofrece, éste desdiga;
nada hay que a la razón no contradiga
y todo se compone con la pena.

Falsa especie del bien y el mal ajena,
o el temor huya o el deseo siga,
sombras sin alma a apetecer obliga,
males sin cuerpo a padecer condena.

¡Oh, del feliz y el infeliz extraño
error de aprehensión, de tantos dicha
en sofístico mal, gloria aparente!

A pena y gozo sobra el bien y el daño,
si un verdadero mal nunca es desdicha
ni dicha un bien, si la razón no miente.

El gran duque de Gandía. Ed. de Václav Černý, Prague, 1963, pág. 75.

1671: Černý

LVII

¡Oh, Señor!, si a tu suma providencia
tal vez rastreara el hombre los motivos,
y abiertos de tu seno los archivos,
leyera un punto el libro de tu ciencia,

con cuánta luz hallara su imprudencia
que los decretos más ejecutivos,
que a nuestro ver rigores son esquivos,
son piedades de oculta conveniencia.

No infausto, pues, te desconsuele el día
que ves, ¡oh España!, en lágrimas bañada,
hebraísmo, Alcorán y apostasía,

si en fe, esperanza y caridad fundada,
pendes de otra, con quien tu monarquía
es viento, es polvo, es humo, es sombra, es nada.

El santo rey don Fernando, parte primera. Valbuena, 1278.
1671: P

LVIII

Pensad con su hijo en brazos a María,
que en un trono de nubes se sentaba,
cuya alba y cuyo sol a un tiempo daba
luz a la noche, obscuridad al día.

Temor y amor, grave y hermosa unía,
con ojos de paloma que miraba,
y su madeja el corazón postraba
con un solo cabello que le hería.

De esta idea formad la bella copia,
flor a flor, rosa a rosa, estrella a estrella,
que aunque de original siempre se copia,

hoy sin original habéis de hacella;
que mal podía salir la imagen propia
de original que nunca cupo en ella.

El santo rey don Fernando, parte segunda. Valbuena, 1314.
1671: P

LIX

[*La Malicia y el Lucero de la Noche*]

MAL. ¿Quién, ya que me llamó docta escritura,
 depravado delirio de la mente,
 entre las sombras de la edad presente
 ofuscará la luz de la futura?

LUC. Y pues mi pena dura...
MAL. Y pues mi *ansia* tirana...
LUC. No hay con quien más se desvanezca vana.
MAL. No hay con quien más sus senos desabroche.

LUC. Me iré a valer de la Malicia humana.
MAL. Consultaré al Lucero de la noche.
LOS DOS. ¿Dónde, pues?
                LUC. Mas ¡qué miro!
                        MAL. Mas ¡qué veo!
LUC. ¿Has venido a mi voz o a mi deseo?

MAL. A tu deseo y a tu voz, supuesto
 que en tu voz y deseo el mío se indicia.
LUC. ¡Oh, si se buscan, qué unos y qué *presto*
 se hallan réprobo Espíritu y Malicia!

La viña del Señor. Valbuena, 1475.

1674: P

    v. 2: es el tercero en Valbuena Prat.
    v. 3: es el segundo.
    v. 4: ofuscara (Pando, Apontes).
    v. 6: alma (Pando, Apontes, Valbuena Prat).
    v. 17: prestos (Pando, Apontes, Valbuena Prat).

LX

Si este pasmo, este horror hacer pudiera
por Dios que el cuerpo y alma le pasara,
aunque pudiera no lo remediara:
fuera elección, y no violencia fuera.

Ni el interés del cielo me moviera,
ni el temor del infierno me obligara;
sólo por ser quien es le conservara,
cuando ni premio ni castigo hubiera.

Y *si* el cielo e infierno en este día
abiertos viera, cuya pena o cuya
gloria estuviera en mí, si presumía

ser voluntad de Dios que me destruya,
al infierno me fuera por la mía
y no entrara en el cielo sin la suya.

El jardín de Falerina. Valbuena, 1522.
1675: P

v. 9: así (Pando, Valbuena).

LXI

[Ponderando los misterios de la misa]

   Llora Adán, de su patria desterrado,
y el preste fuera del altar le imita;
de promisión la tierra solicita,
en llegarse al altar significado.

   Clama el limbo, y en lágrimas bañado,
a los kiries, que Dios piadoso admita,
sigue la gloria, y de la ley escrita
trueca el misal con la de gracia el lado.

   Ofrece al Padre, en agua y vino unidas, [*sic*]
divinidad y humanidad, y santo
de ángeles con el coro le apellida.

   Ora un memento, y siendo sangre el llanto,
señal de muerte, en la hostia es pan de vida.
¡Oh, cuánto hay que admirar! ¡Oh, cuánto! ¡Oh, cuánto!

El segundo blasón del Austria. Ed. de P. de Pando y Mier, en *Autos sacramentales, alegóricos, y historiales,* Madrid, 1717, IV, 17.

1679: P

LXII

Cuando de mi confuso pensamiento,
necio amor, locos casos imagino,
menos me atrevo y más me determino;
que sobra amor y falta atrevimiento.

Desconocido a mi valor, intento
a un agravio remedio peregrino;
y animándole, apenas adivino,
verdugo de mi infamia, el sentimiento.

Olvido ingrato, agradecido adoro,
aborrezco cobarde, amo atrevido,
llamo y *me* huyo, quiero y no deseo,

canto mis penas y mis glorias lloro:
¿qué mucho viva o muera arrepentido,
si he de perder la vida o el deseo?

Nadie fíe su secreto. XIV, 61.
ca. 1623-24: Hilborn

v. 11: 'me' suprimido (Escogidas 1652).

LXIII

¿Quién en la humana suerte habrá tenido
juntos tantos afectos desiguales?
Males, ¿pues no bastó haber sido males,
sino males opuestos haber sido?

Al cielo vida por saber le pido
de un trino Dios misterios celestiales;
muerte le pido por mirarme, en tales
penas, de una beldad favorecido.

Pues ¿cómo vida y muerte mi desvelo
es posible que al cielo a un tiempo pida,
si es pedir juntos pérdida y consuelo?

Mas acierto a pedirle no me impida
vida o muerte, supuesto que es el cielo
árbitro de la muerte y de la vida.

Los dos amantes del cielo. XII, 243.

ca. 1636: Hilborn

LXIV

*Un amigo, importunado de desengañar
los celos de un ausente*

Licio, ¿la obstinación de tu porfía,
mariposa solícita del daño,
morir quiere a la luz del desengaño?
Tuya es la culpa, la obediencia es mía.

Mucho fía de sí quien de sí fía.
Sabe que *Lisis* con traidor engaño
memorias ya de un año y otro año
en los olvidos sepultó de un día.

¡Oh, cuánto avaro está el dolor contigo,
pues aún la queja no se atreve a dalla
de mí, de Lisis, ni de ti tampoco!

Que tú celoso, ella mujer, yo amigo,
nos halla disculpados, pues nos halla
a mí fiel, a ella fácil y a ti loco.

El José de las mujeres. XII, 361.

ca. 1640-44: Hilborn

v. 6: saber (Varias 1660); Lisia (Vera VI).
v. 10: dallo (Varias 1660).

LXV

*A una dama que, sobre agravios
y celos, le mandó a su amante
hacer una fineza*

Que te sirva, Lisarda, me *ha* pedido
este traidor descuido de tu agrado.
Harto es que sea para ser mandado
quien no fue para ser obedecido.

Mas no tan presto injurias de tu olvido
traten tan como ajeno mi cuidado;
que para cortesías de olvidado
aún hay en mí rencores de ofendido.

Deja que borre el tiempo las señales
de aquella esclavitud; que si me deja
las prisiones, veráste obedecida.

Que mal *convalecido* a tus umbrales,
me ha de durar el ruido de la queja
lo que el dolor me dure de la herida.

El José de las mujeres. XII, 361.

ca. 1640-44: Hilborn

v. 1: has (Hartzenbusch).
v. 2: estando despedido (Hartzenbusch).
v. 12: convalecida (Vera VI, Varias 1660).

LXVI

*Aconsejando a una amiga qué hará
con un caballero que, porque le
hizo un agravio, volvió a servirla
de nuevo*

Dices, Laura, que Fabio está ofendido,
y que ofendido vuelve enamorado
a buscar en aquel ardor pasado
las ya muertas cenizas de tu olvido.

Bien puede ser que sea de rendido,
mas yo temo que sea de obstinado,
porque amor una vez desengañado,
solo vuelve a no ser lo que había sido.

No creas a sus labios ni a sus ojos,
aunque a sus ojos veas y a sus labios
mentir caricias, desmentir tristezas.

Porque, Laura, finezas sobre enojos,
finezas pueden ser, mas sobre agravios,
más parecen venganzas que finezas.

El José de las mujeres. XII, 362.

ca. 1640-44: Hilborn

LXVII

Si el amor se perdiera, en mí se hallara,
porque a mí como a centro se viniera
de otros pechos en quien tratar se viera
con fe menos constante, menos rara.

Y si después de verse en mí, intentara
explayar su poder a nueva esfera,
de mi trato liciones aprendiera,
con que aún después el mismo amor amara.

Desde allí tan seguros sus favores
vivieran de sospechas y recelos,
de traiciones, agravios y temores,

que ociosos los influjos de los cielos,
descuidando en que ya todo era amores,
no dejaran que nada fuera celos.

También hay duelo en las damas. IX, 126.
ca. *1648-50: Hilborn*

v. 10: vinieran (Vera III).

LXVIII

Pues si amor se perdiera, no se hallara
en mí, porque yo quiero de manera
que desde luego soy punto y esfera
en quien su ser, como en su centro, para.

Y así con más constante fe, más rara,
a perderse, en mí hallarse no pudiera,
pues para suponer que él se perdiera,
era forzoso que de mí faltara.

Y cuando sus halagos y favores,
enseñados de mí, dieran desvelos
a los demás; *amara* con temores,

maestro de sobresaltos y recelos;
que aprende mal una lición de amores
quien no teme el azote de unos celos.

También hay duelo en las damas. IX, 126.

ca. 1648-50: Hilborn

v. 11: amaran (Excel.mo).

LXIX

[Cariclea y Teágenes]

CA. Pues no que mi primera infausta cuna
   tronco infeliz del Catadupe fuera...
TE. Pues no que en sombras *mi* esplendor naciera
   embozado, a merced de la fortuna...

CA. No que arrojada fuese, donde una
   mortal envidia me ultrajase fiera...
TE. No que ladrón pirata redujera
   todo el mar a una bárbara laguna...

CA. No que enterrada en vida el centro ocupe...
TE. No que un dogal ahogase mis anhelos;
   ni el mar...
            CA. Ni el fuego...
                    TE. El lago...
                            CA. El Catadupe...

TE. Me dio temor...
            CA. Me puso desconsuelos...
TE. Hasta que lo que son los celos supe.
CA. Hasta que supe lo que son los celos.

Los hijos de la fortuna, Teágenes y Cariclea. XII, 108.
ca. 1651-53: Hilborn

v. 3: y (GM, Excel.mo).

Apéndice

SONETOS SUELTOS

Casi todos los sonetos que incluimos a continuación fueron publicados por Calderón en las obras de otros autores, y los hemos tomado de José Simón Díaz, "Textos dispersos de clásicos españoles", *Revista de Literatura* 15 (1959), 121-31, y 22 (1962), 117-21, lo que indicaremos con la sigla *RL*.

Algunos reconocen otras procedencias. Los dirigidos "A San Isidro", "A un altar donde estaba una imagen de Santa Teresa en una nave", el incluido en el *Psalle et sile* y el dirigido a San Francisco de Borja provienen de la Biblioteca de Autores Españoles. El del libro de don Luis Pacheco de Narváez, del *Ensayo* de Cotarelo citado atrás. El del libro de Pellicer de Tovar, de la edición de Valbuena Briones, también citada. El de una dama que "da satisfacción a tres galanes a un tiempo", de un manuscrito de la Nacional de Madrid sobre el que Edward M. Wilson llamó la atención en "Notas sobre algunos manuscritos calderonianos en Madrid y en Toledo", *Revista de Archivos, Bibliotecas y Museos* 68 (1960), 477-87, y publicó en "Some Unpublished Works by Don Pedro Calderón de la Barca", *Homage to John M. Hill. In memoriam* (Valencia, Indiana University, 1968), 7-18. El dirigido contra Sigler de Huerta, del mismo investigador ("Calderón's Enemy: Don Antonio Sigler de Huerta", *Modern Language Notes* 81 [1966], 225-31), a quien también le debemos el del entremés.

Es innecesario hacer notar el carácter circunstancial de estas piezas, que les sustrae todo valor estético. La excepción se halla en el soneto que aparece en el libro de Pellicer de Tovar; a nosotros nos parece un verdadero acierto. Del dedicado a San Francisco de Borja, Černý dice en su edición de *El gran duque de Gandía* que "le sujet de ce sonnet n'est autre que celui-même d'une des scènes essentielles de notre pièce" (pág. 32); se refiere a los versos 1867-1973. Del soneto a la catedral de Toledo, Wilson dijo lo siguiente: "Calderón hails the Cathedral for its fame, splendour and glory: a symbol of faith in the midst of persecution. But it is also a storehouse of heavenly treasures, for even its grave-stones are holy relics and tombs of saints. As he adores the footprint left by the Blessed Virgin when she gave the chasuble to St. Ildephonsus, he adapts the words of one of St. Ambrose's prayers: 'May my heart be less hard than was that stone which preserved her footprint'" (en "A Key to Calderón's *Psalle et sile*", *Hispanic Studies in Honour of I. González Llubera* [Oxford, 1959], pág. 435).

LXX

Al autor, su tío

No fatal te construya Mauseolo
el tiempo a glorias de inmortal trofeo;
no sacrílega invidia, vil empleo,
al más oculto comunique polo.

Dignas estatuas de tu nombre solo
sutil consagre, en mármores de Hibleo,
y holocauste a tus aras el Sabeo
aromas que venere el culto Apolo.

Con hijos tal, el sacro Manzanares
a sus linfas honores multiplique
cuando undosa deidad blasone eterno.

Y suspendido en ti retarde mares,
porque inducido de tu amor publique
afectos dulces de su amor paterno.

Juan Bautista de Sossa, *Sossia perseguida. Sueño y pregunta de Cassio a Prudencio* (Madrid, 1621). *RL* (1959), 121.

LXXI

A San Isidro

Los campos de Madrid, Isidro santo,
emulación divina son del cielo,
pues humildes los ángeles su suelo
tanto celebran y veneran tanto.

Celestes labradores son, en cuanto
con amorosa voz, con santo celo
vos enviáis en angélico consuelo
dulce oración, que fertiliza el llanto.

Dichoso agricultor, en quien se encierra
cosecha de tan fértiles despojos,
que divino y humano os da tributo,

no receléis el fruto de la tierra,
pues cogerán del cielo vuestros ojos,
sembrando aquí sus lágrimas, el fruto.

Colección de las obras sueltas, así en prosa como en verso, de Frey Lope de Vega Carpio (Madrid, 1776-79), XI. B. A. E., XIV, 724.

LXXII

A un altar donde estaba una imagen de Santa Teresa en una nave

La que ves en piedad, en llama, en vuelo,
ara al suelo, al sol pira, al viento ave,
Argos de estrellas, imitada nave,
nubes vence, aire rompe y toca al cielo.

Esta, pues, que la cumbre del Carmelo
mira fiel, mansa ocupa y sulca grave,
con muda admiración muestra süave
casto amor, justa fe, piadoso celo.

¡Oh militante Iglesia, más segura
pisa tierra, aire enciende, mar navega,
y a más pilotos tu gobierno fía!

Triunfa eterna, está firme, vive pura;
que ya en el golfo que te ves se anega
culpa infiel, torpe error, ciega herejía.

Relación de las fiestas que la insigne villa de Madrid hizo en la canonización de... San Isidro (Madrid, 1622). B. A. E., XIV, 725.

LXXIII

A don Martín Suárez de Alarcón, muerto en la recuperación del fortín de San Juan de los Reyes

No ya la voz de la sagrada historia
triunfante y muerto aquel caudillo cante,
que al vivo rebellín de un elefante
el padrón consagró de su memoria.

Pues más aplauso, más honor, más gloria,
hoy debe al que también muerto y triunfante,
murallas asaltando de diamante,
compuso de su ruina, su victoria.

¡Oh honra, oh valor, oh militares leyes!
¡Qué bien el noble con su sangre escribe
la inmortal fama que muriendo adquiere!

Y ¡oh sacro patrimonio de los reyes!
Si está tu lauro en quien matando vive,
¿qué vendrá a estar en quien matando muere?

Corona sepulcral. Elogios en la muerte de don Martín Suárez de Alarcón (Madrid, 1625). RL (1962), 119.

LXXIV

[*A Su Majestad, que con una escopeta tiró a un
toro en la frente matándole*]

Si viste, ¡oh Licio!, a material esfera
la fábrica celeste reducida,
y en diversas especies dividida
la cinta en quien el sol más reverbera,

tal el anfiteatro español era,
zodíaco de imágenes con vida
cuando el cuarto planeta vio encendida
la piel manchada de una y otra fiera.

Al desplegar su luz, la veloz tropa
se ahuyentó y el toro en la campaña
amenazaba a Europa otro desmayo.

Pero ¿qué importa que el ladrón de Europa
mentido triunfe, como el sol de España
contra su frente esgrima el primer rayo?

José Pellicer de Tovar, *Anfiteatro de Felipe el Grande* (1631). Valbuena Briones, pág. 23.

LXXV

A Don Luis Pacheco de Narváez

Si por la espada es inmortal la gloria,
si por la pluma es la ambición divina,
bien uno y otro genio te destina
del tiempo y del olvido la vitoria.

Bien, Luis, pues de Felipe la memoria
debe a tu docta espada la doctrina;
bien, pues debe la luz de Catalina
diestra a tu pluma la ejemplar historia.

Si varones constantes enseñaste,
si constantes mujeres escribiste,
eterno un sexo y otro te presuma.

Aquél, por la destreza que inventaste;
éste, por la virtud que engrandeciste,
tomando ora la espada, ora la pluma.

Luis Pacheco de Narváez, *Historia ejemplar de las dos constantes mujeres españolas* (Madrid, 1635). Cotarelo, p. 145n.

LXXVI

[*Soneto contra don Antonio Sigler de Huerta*]
Respuesta de Don Pedro Calderón por los mismos consonantes. *

Si Huertecilla está como le pintas,
es porque su mujer cabalga a medias,
él más cornudo que diez mil Heredias
y ella más puta que diez mil Jacintas.
   El hurta y calla sin meterse en quintas,
cogiendo lo que puede en las comedias;
tal vez cuando se ofrece hurta unas medias,
tal vez un delantal con unas cintas.
   La cara muestra y el agravio emboza,
ya sabéis lo que hizo un perulero
con su mujer cuando ganó más moza.
   De verdad es muy poco su dinero.
Señor Antonio Hurtado de Mendoza,
restitúyale a Rojas su salero.

Ms. de la Hispanic Society de Nueva York. (1637-40).

---

* Edward M. Wilson, de quien hemos copiado este soneto (*MLN* 81 [1966], 230), ofrece en su nota el soneto que dio origen a éste y que aquí incluimos para mejor entendimiento del nuestro:

Si calderon esta como le pintas / la culpa tiene el cabalgar a medias / de Baldes el alcaide las eredias / de Cardenas el bueno las Jacintas. / el come y calla sin meterse en quintas / ensaiando fornicios y comedias / tal vez muy prometidas da vnas medias / muy en las del Cajero da vnas çintas. / La Cruz descubre y el dinero emboça / riquissimo de versos perulero / sin perdonar la vieja ni la moça / De verdad es muy poco su dinero / aier era Belasco y oy mendoça / y en su bolsillo se bertio el salero.

LXXVII

Al autor

Cuanto la antigüedad dejó esparcido
en sueltas hojas, que el suspiro leve
del tiempo de una edad en otra mueve,
porque no sepa de ellas el olvido,

hoy a epítome breve reducido
tienes, y docto más cuanto más breve,
¡oh lector! ; tanto aplauso España debe
a un lusitano, ingenio esclarecido.

Rodrigo Méndez es de Silva, cuya
siempre divina, siempre ilustre gloria
a par del sol hoy inmortal fe aclama.

La historia a su esplendor se restituya,
pues ya a sola una voz tiene la historia
reducidas las lenguas de la fama.

Rodrigo Méndez Silva, *Catálogo real genealógico de España* (Madrid, 1639). *RL* (1962), 118.

LXXVIII

*A don Francisco de Balderrábano en la traducción que
de la vida de san Eloy escribió seglar, y su padre
hizo imprimir, siendo él Religioso*

Tu sumo ingenio, tu agudeza suma,
cuando de Eloy las maravillas cante,
tanto, Francisco, al cielo se levante,
que ni olvido ni tiempo los consuma.

Este papel de lámina presumo
tan eterna, tan firme, tan constante,
que se crea cuaderno de diamante,
hecho de su buril y de tu pluma.

Feliz tú que seglar has traducido,
virtud que Religioso has imitado,
dando a entender cuán bien la has entendido.

Feliz otra vez tú, pues has logrado
del más noble ejercicio lo adquirido
y del arte más noble lo heredado.

San Audeno, *Vida y muerte de S. Eloy* (Madrid, 1640), traducida
por Francisco de Balderrabano. *RL* (1959), 123.

LXXIX

Al Maestro Joseph de Casanova

De cuantos artes, cuantas ciencias fueron
alma del mundo, origen excelente,
fue aquel callado idioma, que elocuente
o papeles o láminas nos dieron.

Pues en doctos carácteres pudieron
hacer de lo pretérito presente,
hablar lo mudo y percebir lo ausente
los que en la estampa a no morir murieron.

Luego si da el que talla o el que escribe
duraciones que el tiempo no consuma,
por quien su autor segundo ser recibe,

tu magisterio de inmortal presuma,
¡oh Joseph!, desde hoy, pues desde hoy vive,
la edad de tu buril y de tu pluma.

Joseph de Casanova, *Primera parte del arte de escribir* (Madrid, 1650). *RL* (1962), 119.

LXXX

Boca más sazonada que el arroz,
y más recta que un juez, blanca nariz,
manos más blancas que *es el* regaliz,
y ojos más segadores que una hoz.

Manos que, como patas, pegan coz,
ojos que echan de rayos un cahiz,
boca que está de zape y dice miz,
y nariz que la sirve de albornoz;

nariz con el catarro pertinaz,
ojos que miran sesgo cualque vez,
y boca que repudia el alcuzcus, [*sic*]

si las manos me *dais* en sana paz,
como a una mona de Tetuán o Fez,
las morderé poquito y haré el buz.

Entremés del sacristán mujer. Biblioteca Nacional, Ms. 15.197. Impreso también en *Laurel de entremeses varios* (Zaragoza, 1660).

v. 3: la (Laurel).
v. 12: dice (Ms.).

LXXXI

¡Salve, primer metrópoli de España,
pues hasta coronar tu frente altiva
ni en su dosel ciñó la paz oliva,
ni la guerra laurel en su campaña!

¡Salve, oh siempre católica montaña,
y tan siempre a la luz de la fe viva,
que, aún entre los horrores de cautiva,
ajena te alumbró, pero no extraña!

¡Salve, erario feliz de glorias tantas,
que hoy en tu angelical cámara bella,
aún los mármoles son reliquias santas!

¡Salve, y permite al adorar la huella
que enterneció una piedra con sus plantas,
no esté mi corazón más duro que ella!

Discurso métrico-ascético sobre la inscripción "Psalle et sile" que está grabada en... la Santa Iglesia de Toledo (Madrid, 1741). B.A.E., XIV, 731. *

1661

---

* La impresión original está reproducida por E. M. Wilson en P. C. de la B., *Obras menores (Siglos XVII y XVIII)* (Cieza, 1969).

LXXXII

Al Reverendísimo Padre Maestro Fray Nicolás Baptista, de la Sagrada Religión de Nuestra Señora del Carmen, predicador de Su Majestad, habiendo muerto de una apostema en un oído

No del Carmelo hoy llore la ribera
su celador, discípulo de Elías,
pues hoy no muere el que por tantos días
había muerto primero que muriera.

¿Si quién y cuál saber el mundo espera?
Bien un Baptista esas cenizas frías
podrán decir, mas no las voces mías,
aunque digan quién es, dirán cuál era.

Y sí dirán, al ver que no ha mudado
su celo el apostólico sentido
con que siempre a morir nos ha enseñado.

Y hoy más, pues hoy mudo sermón ha sido
creer que al fervor de haberse a sí escuchado,
vida le da su voz, muerte su oído.

Fr. Miguel de Cárdenas, *Sermón de las honras del R. P. M.º Fray Nicolás Baptista* (Madrid, 1663). *RL* (1959), 125.

LXXXIII

A San Francisco de Borja

Que prueba cómo San Francisco de Borja, siendo virey de Cataluña, cumplió con los fueros de cristiano y caballero, en la ocasión de corregir a un caballero, sin castigarle el atrevimiento de sacar una daga contra su persona

Joven arrojo mal precipitado
dos dignidades ofendió atrevido:
marqués, pudo el valor verle rendido;
virey, pudo el poder verle postrado.

Ni de uno ni otro se valió indignado,
quien de uno y otro se valió advertido.
¿Qué más poder que haberse reprimido?
¿Qué más valor que haberle perdonado?

No a poca costa, pues, del sentimiento
se vence una pasión: ¡oh! ¿quién dijera
la opresión con que fue visto en el viento?

Mas ¿quién no lo dirá si considera
que no fuera acto heroico el sufrimiento,
si el sufrimiento grave cruz no fuera?

Ambrosio de Fomperosa y Quintana, *Días sagrados y geniales, celebrados en la canonización de San Francisco de Borja* (Madrid, 1672). B.A.E., XIV, 681.

LXXXIV

*En debido afecto de su autor. Descifra el alma de su sagrada
historia en la ingeniosa empresa de su segundo folio*

    Que Antioquía a Maredid dé por Patrona
la que vestido el sol huella la luna;
que de Isidro y Melquíades sea cuna;
que de Felipe y Carlos sea corona;

    que sea, según purpúrea voz pregona,
Dámaso de su fee firme coluna:
triunfales señas son, con quien ninguna
corte del orbe méritos blasona.

    Y más hoy, que acusando cuanto ha sido
el tiempo sorda lima de su historia,
contra su estrago el cielo ha prevenido

    que tú, ¡oh Melchor!, a honra de Dios, y a gloria
de Madrid, restaurada del olvido,
logres que viva eterna su memoria.

Melchor Cabrera Núñez de Guzmán, *Madrid, patria verdadera de...
San Dámaso* (Madrid, 1678). RL (1959), 127.

LXXXV

A la PEREGRINACIÓN DEL MUNDO, *del doctor don Pedro Cubero Sebastián, Misionario apostólico enviado por la Beatitud de N. S. P. Clemente Papa X, y de la Sacra y General Congregación de propaganda a la predicación de las Indias Orientales*

    Si a la nave de Argos, por primera
náutica que en mar abrió camino,
la admiración la presumió divino
astro, añadido a la celeste esfera.

    Si a la nave Vitoria por la entera
vuelta del orbe templos la previno
del oriente al ocaso, alto destino,
émulo al sol en su veloz carrera,

    ¿qué templo, qué astro construirá a una nave,
que símbolo apostólico de aquella
de Pedro, al mar fio Pedro segundo?

    Pero ¿qué astro, qué templo habrá más grave
que ser el norte de la fe su estrella,
y su templo uno, y otro nuevo mundo?

Pedro Cubero Sebastián, *Peregrinación del mundo* (Nápoles, 1682). *RL* (1962), 120.

LXXXVI

*Una dama da satisfacción a tres
galanes a un tiempo*

Enrique atiende al fuego que publico
por ti Carlos me da disgusto y calma
la pretensión del duque estima el alma
que para dueño tal sólo la aplico.

El amor que gozosa sinifico
con finezas constantes se desalma
por el gran duque no será la palma
para Carlos galán no para Enrico.

Hablar mi amor pretende verdadero
al mesmo que por dueño elegir quise
Carlos que no me hable sólo quiero.

El duque para esposo mal me dice
Enrique a quien en mi elección prefiero
el amor victorioso le eternice. *

Biblioteca Nacional, Ms. 3.919, fol. 206v.

* Esta es la puntuación que lleva el Ms., la cual conservamos porque es justamente poder leerlo de varias formas lo que el autor se propone.

ÍNDICE DE PRIMEROS VERSOS

Amoroso Jacob, fuerte David	XLII
Apenas el invierno helado y cano	XXV/XXVb
Aquí, Señor inmenso y soberano	XXIII
Ara la tierra el sembrador y ella	L
Basilisco del tiempo, tú que doras	XVIII
Bella Beatriz, mi fe es tan verdadera	V
Bella Micol, dulcísima Raquel	XLI
Bellísima deidad, que repetida	X/Xb
Boca más sazonada que el arroz	LXXX
Cinta verde que en término sucinta	XXII
Con poco norte incierto mar navego	XXXVI
Cuando de mi atrevido pensamiento	I
Cuando de mi confuso pensamiento	LXII
Cuando la fama en lenguas dilatada	XIX
Cuando sutil pincel me repetía	XXIV
Cuanto la antigüedad dejó esparcido	LXXVII
De contrarios efectos esta llama	VII
De cuantos artes, cuantas ciencias fueron	LXXIX
Dices, Laura, que Fabio está ofendido	LXVI
Dulce paz, dulce guerra que a porfía	XLVII
El cadáver del hombre cosa es, cierto	XXVII
En alegre, en feliz, en dulce estado	XLV
Enrique atiende al fuego que publico	LXXXVI
Entre esperanza y miedo amor ordena	LVI
Era mi pecho una montaña fría	VIII
Esos rasgos de luz, esas centellas	IV
Estas, que fueron pompa y alegría	III
Este cárdeno lirio enamorado	LIII
Exaltada deidad en quien se vio	XLIX
Hermosas luces en quien miro atento	LI/LIb
Iris que asoma entre eclipsados velos	XXXIV
Jeroglífico hermoso, en quien se vierte	XI
Joven arrojo mal precipitado	LXXXIII
La muerte y el amor una lid dura	XXXII
La que ves en piedad, en llama, en vuelo	LXXII
Leonor, si yo pudiera obedecerte	XXI
Licio, ¿la obstinación de tu porfía	LXIV
Los campos de Madrid, Isidro santo	LXXI

ÍNDICE DE PRIMEROS VERSOS

Llora Adán, de su patria desterrado	LXI
Medea, yo he de ser contigo Isaac	II
No del Carmelo hoy llore la ribera	LXXXII
No fatal te construya Mauseolo	LXX
¿No miras ese monte, oh nuevo Atlante	XXIX
No ya la voz de la sagrada historia	LXXIII
¡Oh, Señor, si a tu suma providencia	LVII
¡Oh, tú, antorcha, que en esa breve, en esa	XLIII
Pensad con su hijo en brazos a María	LVIII
¿Porque muerta aún no dejes de quererme	XXX
Pretendo del favor darme a partido	XXXV
Pues no que mi primera infausta cuna	LXIX
Pues si amor se perdiera, no se hallara	LXVIII
Pues si los celos difinir hubiera	XXXIII
Que Antioquía a Maredid dé por patrona	LXXXIV
Que el alma informa al hombre es asentado	XXVIII
Que el río jeroglífico haya sido	LV
¿Qué género de ardor es el que llego	XXXIX
Que te sirva, Lisarda, me ha pedido	LXV
¿Quién en la humana suerte habrá tenido	LXIII
¿Quién eres, ¡oh mujer!, que aunque rendida	XL
¿Quién, ya que me llamó docta escritura	LIX
Racional, vegetable y sensitiva	XV
¡Salve, primer metrópoli de España	LXXXI
Señor, este de fe y amor indicio	XLVIII
Si a la nave de Argos, por primera	LXXXV
Si Clori que quisiese me dijera	IX
Si el amor se perdiera, en mí se hallara	LXVII
Si el instrumento de mis labios templo	XXXI
Si esta sangre por Dios hacer pudiera	XLVI
Si este pasmo, este horror hacer pudiera	LX
Si huertecilla está como le pintas	LXXVI
Si la elección se debe al albedrío	VI
Si por la espada es inmortal la gloria	LXXV
Si viste, ¡oh Licio!, a material esfera	LXXIV
Torpe el discurso, atado el pensamiento	XIV
Tu sumo ingenio, tu agudeza suma	LXXVIII
Venga en hora feliz el capitán	LII
Vengativa deidad, deidad ingrata	XVI
Vengativa y crüel, porque te asombres	XVII
¿Ves el monte que dices, o el Atlante	XXVI
¿Ves esa rosa que tan bella y pura	XXXVIII
Viendo el cabello, a quien la noche puso	XXXVII
Viendo estoy mi beldad hermosa y pura	XIII
Viendo estoy mis imperios dilatados	XII
¿Vivo o muero? Cierto es que si viviera	XLIV
Yo me firmé rendida antes que os viese	XX
Yo soñé que de un río a la ribera	LIV

ÍNDICE DE OBRAS DRAMÁTICAS CITADAS

Antes que todo es mi dama, 15, 18, 19, 23, 87, 88, 89
Argenis y Poliarco, 15, 23, 27, 28, 29, 79, 80
A secreto agravio, secreta venganza, 14, 18, 19, 40, 41, 68, 69, 70, 71
Astrólogo fingido, El, 41

Banda y la flor, La, 14, 56, 57
Bien vengas, mal, 13, 15, 73

Cura y la enfermedad, La, 13, 16, 97

Dama duende, La, 14, 30, 39, 53, 54
Divino Jasón, El, 13, 14, 20, 22, 50
Dos amantes del Cielo, Los, 17, 24, 114

Eco y Narciso, 16, 26, 74, 75
Enfermar con el remedio, 15, 45, 85, 86
Entremés del sacristán mujer, 133
Espigas de Ruth, Las, 13, 16, 103
Exaltación de la Cruz, La, 15, 26, 58

Fortunas de Andrómeda y Perseo, Las, 29

Galán fantasma, El, 14, 55
Gran Duque de Gandía, El, (auto), 15, 84
Gran duque de Gandía, El, (comedia), 13, 17, 107, 122
Gran príncipe de Fez, El, 13, 16, 104

Gran teatro del mundo, El, 14, 38, 61, 62

Hija del aire, La, primera parte, 16, 94
Hija del aire, La, segunda parte, 42
Hijos de la fortuna, Los, Teágenes y Cariclea, 17, 22, 25, 120

Jardín de Falerina, El, 17, 30, 111
José de las mujeres, El, 17, 19, 24, 115, 116, 117

Laurel de Apolo, El, 42
Lepra de Constantino, La, 16
Llamados y escogidos, 16, 22, 36, 91, 92

Maestrazgo del Toisón, El, 16, 99
Mañana será otro día, 15, 45, 77, 78
Mayor encanto, amor, El, 14, 19, 63, 64, 65, 66
Mayor monstruo, los celos, El, 13, 15, 82, 83
Mujer, llora y vencerás, 16, 18, 29, 37, 101

Nadie fíe su secreto, 17, 23, 24, 25, 33, 113

Primer flor del Carmelo, La, 16, 90
Primero y segundo Isaac, 16, 98
Príncipe constante, El, 14, 21, 29, 34, 35, 37, 51, 52
Purgatorio de San Patricio, El, 15, 72
Púrpura de la rosa, La, 40, 41

ÍNDICE DE OBRAS DRAMÁTICAS CITADAS 143

Sacro Parnaso, El, 16, 100
Santo rey don Fernando, El, primera parte, 17, 108
Santo rey don Fernando, El, segunda parte, 13, 17, 109
Segunda esposa y triunfar muriendo, 16, 93
Segundo blasón del Austria, 13, 17, 112
Selva confusa, La, 13, 14, 18, 23, 24, 25, 49
Señora y la criada, La, 14, 22, 26, 58, 59, 67
Siembra del Señor, La, 16, 95

Sueños hay que verdad son, 16, 19, 21, 29, 37, 38, 101, 102, 105, 106

También hay duelos en las damas, 17, 24, 118, 119
Tres mayores prodigios, Los, 15, 18, 22, 26, 27, 28, 74, 76
Tu prójimo como a ti, 16, 18, 30, 96

Veneno y la triaca, El, 14, 18, 22, 26, 29, 58, 60
Viña del Señor, La, 17, 20, 110
Virgen del Sagrario, La, 15, 81

www.ingramcontent.com/pod-product-compliance
Lightning Source LLC
Chambersburg PA
CBHW020418230426
43663CB00007BA/1227